自然教育与研学旅行

张卓亚　主编

徐灵芝　欧朝蓉　杨欣　副主编

中国林业出版社
China Forestry Publishing House

图书在版编目(CIP)数据

自然教育与研学旅行 / 张卓亚主编；徐灵芝，欧朝蓉，杨欣副主编.
--北京：中国林业出版社，2025.6
ISBN 978-7-5219-2005-5

Ⅰ.①自…　Ⅱ.①张…　②徐…　③欧…　④杨…　Ⅲ.①自然教育-研究②教育旅游-研究
Ⅳ.①G40-02②F590.75

中国版本图书馆 CIP 数据核字(2022)第 243783 号

策划编辑　吴　卉
责任编辑　张　佳
电　　话　010-83143561
邮　　箱　books@ theways. cn
出版发行　中国林业出版社
邮　　编　100009
地　　址　北京市西城区德内大街刘海胡同 7 号
网　　址　https：//www. cfph. net
印　　刷　北京中科印刷有限公司
版　　次　2025 年 6 月第 1 版
印　　次　2025 年 6 月第 1 次
字　　数　258 千字（含数字资源部分）
开　　本　787mm×1092mm　1/16
印　　张　8.5
定　　价　45.00 元

前　言

随着中国的城市化进程，城市人群的"自然缺失症"越来越显现出来。生活水平提高，经济水平提升，物质到达一定程度的时候，我们开始追求更高的精神层面的东西。大家可能更喜欢出去旅行，开始关注到生态，关注到大自然。近年来自然教育得到了越来越多的社会关注和认同。什么是自然教育？为什么要做自然教育？为什么需要重新建立人和自然的连接？

大自然的教育是无声的，当我们不说话，安静下来的时候，这种教育就开始了。自然教育给孩子带来的是一种天赋教育，是爱的教育，是造就人本身的教育，是利用自然本能，自然发展个体的教育。它涵盖人的品格、品行、习惯、健康的提升，集自救自护、才艺表达、注意力、记忆宽度、自主学习、自我驱动、社会交往、表达等能力培养于一体，并行不悖。自然教育是研学旅行实践育人的有效途径，也是生态文明教育的重要方式。正确认识自然教育的价值是实现研学旅行目标的前提。一是认识到自然教育是破解中小学生"自然缺失症"的重要手段。自然教育能够激发中小学生对自然事物的思考和探究，培养其洞察力、想象力和创造力，促进身心健康。二是认识到自然教育是激发中小学生爱国热情最自然的方式。孩子们在自然教育中获得的体验和乐趣，会潜移默化地转化为对这片土地的热爱和自豪之情。

党的十八大以来，我们党关于生态文明建设的思想不断丰富和完善。在"五位一体"总体布局中，生态文明建设是其中一位；在新时代坚持和发展中国特色社会主义基本方略中，坚持人与自然和谐共生是其中一条基本方略；在新发展理念中，绿色是其中一大理念。在三大攻坚战中，污染防治是其中一大攻坚战。习近平总书记强调："生态文明建设已经纳入中国国家发展总体布局，建设美丽中国已经成为中国人民心向往之的奋斗目标。中国生态文明建设进入了快车道，天更蓝、山更绿、水更清将不断展现在世人面前。"生态文明建设是关系中华民族永续发展的根本大计，而教育是国之大计、党之大计。推进生态文明建设，长远之计是化育人心、润物无声，教育一代代青年牢固树立社会主义生态文明观，推动形成人与自然和谐发展现代化建设新格局。因此，开展新时代生态文明教育，必须以习近平生态文明思想为指导，把生态文明教育融入育人全过程，为生态文明建设提供全方位的人才、智力和精神文化支撑，为全球生态治理和生态文明教育发展提供中国智慧和中国方案。

北京林业大学校长安黎哲表示，自然教育和生态文明教育一脉相承。构建高质量的生态文明教育体系是确保生态文明建设高质量发展和高质量推进的根本保证。国家林业和草原局等相关部门将自然保护地、国有林场、森林人家、城乡公园等作为自然教育的主阵地，打造了得天独厚的自然教育大课堂。

环境问题的解决靠的是保护行为的产生，而保护行为的产生不能缺少情感的培养。自然教育培养的是保护行动之前以及之中的爱。没有自然教育中情感的启发，也就不可能有环境教育中"价值观"的树立。正像《寂静的春天》的作者雷切尔·卡森所说的："知识的重要性远不及感受的一半。如果信息是种子，日后可以成为知识与智慧，而感受就是沃土，种子必须在其中发芽生长。童年就是准备土壤的阶段。"从孩子的心灵成长角度讲，我们现在提供的以认知为主的教育是碎片式的，不利于青少年原本完整的心灵的发展。大自然的元素非常丰富，是任何图像、视频、音频都无法模拟的。青少年浸泡在大自然中，五感会被充分调动，并创造出丰富的内心体验。即使将来面对高度竞争的压力，与自然相处的早期经验也可以成为青少年内心深处一个坚实的基础，抗衡未来的风雨。与此同时，作为父母也需要重新成长。在成为青少年的照顾者、付出关爱的同时，父母自己也需要被滋养。大自然可以润泽我们疲惫的心灵，放松紧绷的神经，帮助我们更好地认识我们自己。

自然教育是一种户外教育方式，能够让青少年通过欣赏、感知和了解自然，从中获得感触和启发，进而提高关爱自然、保护自然的意识。教育是传承文明和知识、促进人类进步、创造美好生活的根本途径，也是提高人民素质、促进人的全面发展、推动民族振兴和社会进步的重要基石。教育要使人得到发展，这就是教育的本体性。可以说，教育决定着人类的今天和未来。马克思说过："人的本质并不是单个人所固有的抽象物。在其现实性上，它是一切社会关系的总和。"因此，教育不是抽象地培养人，而是结合具体的个人在社会中所处的地位进行的。在《中国教育现代化2035》"注重以德为先，注重全面发展，注重知行合一"系列基本理念指导下，进一步指导与激励广大青少年，形成生态文明与可持续发展需要的价值观念、思维方式、行为习惯与生活方式。要帮助他们明确无误地认识到，今天要做到自觉转变价值观念、思维方式、行为习惯与生活方式，奉行简约适度、绿色低碳、文明健康的生活风尚。许多地区的实践经验显示，在基础教育领域加强生态文明与可持续发展教育，能够特色鲜明地创新学校课程与推进课堂革命，深化与扩展素质教育，产生帮助学习者提高学科学习质量和核心素养水平、促进教师专业发展和优质品牌学校建设的良好效果。这正是生态文明与可持续发展时代需要的崭新教育，也是体现国家教育现代化2035目标要求的新型育人范式。

生态文明教育担负着培养具备生态文明理念和素养的中国特色社会主义事业接班人的历史重任，必须充分发挥教育的基础性、先导性、全局性作用，深入宣传习近平生态文明思想，落实立德树人根本任务，以改革创新的精神状态和工作思路，推动教育理念、教学目标、教学内容、教学方法的一系列转变，构建以学校教育为基础、覆盖全社会的生态文明教育体系，以全面提升民众的生态文明素养。当前，全球面临诸多环境污染与生态治理问题，人们应当深刻反思人与自然的关系，从生命共同体理念出发，坚持人与自然和谐共生的现代化之路，这也进一步凸显了加强生态文明教育的重要性和迫切性。

科学设计全学段生态文明教育体系。应根据各学段学生特点，通过整体设计，有机衔接各学段之间的教学内容，明确小学、初中、高中、大学各阶段教育重点，以及职业教育、在职教育、干部培训等非学历教育体系中生态文明教育侧重点，建设感知、认知、行为、创新教育四位一体的培养模式，促进全民生态文明素养的形成和提高。在课程建设和课程标准修订中强化生态文明内容，推进生态文明教育进课程、进教材、进学生头脑。同时加强生态文明教育实践基地建设，统筹推进生态文明教育基地创建运行。

全面推进生态文明教育教师队伍建设。生态文明教育中，学校教育是主渠道，而教师是其中关键环节。教育者自身先要受教育，才能更好地成为学生健康成长的指导者和引路人。因此，各级各类学校的授课教师、辅导员、班主任等都负有开展生态文明教育的职责。为适应新时代生态文明教育需要，应适时出台生态文明教师认证、培训标准规范，使得广大教师能够自觉将生态文明教育贯穿在学校教育的全过程，渗透到教学、科研和社会服务各方面。

协同推进绿色学校创建行动。以习近平生态文明思想为指引，在全国"绿色学校"先期探索实践的基础上，创建以绿色校园为空间载体、以绿色教育为内核根基、以绿色制度为保障体系的新时代绿色学校。各级各类学校应积极适应建设生态文明、实现绿色发展的要求，创新推进生态文明教育，切实提升师生生态文明意识，践行好培养具有生态文明素养的中国特色社会主义事业接班人的教育使命。

系统构建生态文明教育法治体系。应不断完善生态环境相关法律法规，及时制定生态文明教育相关法律法规，对生态文明教育的管理制度、教育评价制度、监督制度、教育责任制度、对外交流合作制度以及保障制度等予以具体规范。各地根据当地实际，制定促进本地区生态文明教育的地方性法规和规章，依法履行生态文明教育职责，提升生态文明教育能力，依法维护公众参与生态文明教育的权益。

积极开展生态文明教育国际交流与合作。共谋全球生态文明建设是构建人类命运共同体的应有之义。我国历来重视国际交流合作，与联合国教科文组织、联合国环境署等保持密切合作，特别是积极推动联合国2030可持续发展议程中有关可持续发展教育的目标落实。相关组织机构应积极主动对接合作，讲好中国故事、传播中国经验、发出中国声音，提升我国在生态文明领域的国际影响力，展现美丽中国的新形象。

持续强化生态文明教育组织协调。全面加强党对生态文明教育工作的领导，相关部门做好生态文明教育的顶层设计和部门与区域间的统筹协调，组织协调教育、生态环境保护、科技、文化等领域相关部门共同做好生态文明教育工作。教育部门可成立生态文明教育教学指导委员会，负责生态文明教育总体规划、课程设置、教材编写等，指导学校开展生态文明教育工作，并对学校生态文明教育进行考核和监督。

张卓亚

2025 年 5 月

目　录

扫码阅读更多精彩案例

第一章　自然教育

第一节　自然教育的概念

随着中国城市化进程的高速发展，越来越多的人生活在钢筋水泥之中，在追求高效率、快节奏的生活方式时，人们逐渐与大自然产生了隔离。2005 年，"自然缺失症"首次被美国作家理查德·洛夫在《林间最后的小孩》一书中提出，这种"自然缺失症"指的是现代化都市中儿童与大自然隔绝、疏离的现象，已经成为当代孩子的一个通病。2010 年，这本书的中文版在国内发行，自然教育的概念在国内才得以认知，自然缺失症给人们带来的诸多负面问题逐渐引起了社会的关注及舆论。2015 年，理查德·洛夫在全国自然教育论坛中指出自然教育的价值是解决自然缺失所带来的身心问题以及一系列诸如户外能力不足、缺乏保护自然的价值观等衍生问题。近年来，自然教育在中国受到广泛关注，自然教育实践在各地蓬勃发展，形成了具有中国特色和时代特点的全新业态。那么，什么是自然教育呢？

法国教育家卢梭将教育分为自然的教育、事物的教育和人的教育，1762 年出版的《爱弥儿》一书中最早提到了"自然教育"一词，他主张"教育应尊重人的发展规律，与自然紧密结合，让儿童顺应天性、自然发展"，这便是自然教育最初的含义。西方学者普遍认为自然教育是在自然中体验学习关于自然的事物、现象及过程的认知，目的是认识自然、尊重自然，从而形成爱护自然的意识形态。目前，我国的自然教育还处在起步阶段，主要以环境保护为背景，引导方式多为倡导和呼吁，希望唤起民众对于自然的热爱，以建立人与自然和谐共生的意识。基于教育视域，自然教育是利用自然体验的方法，建立"人与自然""人与人""人与自我"之间的联系，以期促进人们健康生活，实现人与自然和谐共生的教育行为。从现实目标来看，自然教育是为了让更多人特别是青少年走进自然、学习自然，站在自然与人类共同的立场上去思考问题，形成尊重自然、顺应自然、保护自然的价值观念和行为方式。而从人的自我发展角度，自然教育以人的生命的自然为起点，旨在揭开被书本禁锢、被课堂幽闭的层层"帷幔"，重新激发人尤其是青少年对自然与世界的热情与好奇心，人性需要在自然的召唤和建构中展开，唯有在自然中人才是天地间真正的生命体。

对"自然教育"的概念，目前尚未有统一的界定。自然是最基本的教育力量，在与自然的直接接触和互动中，孩子们能体验到亲近自然的感受，与自然界中的万物建立情感联结，让孩子们感觉像是在家一样温馨。一次农耕体验、一场自然游戏、一次森林之旅，都是一次自然教育的过程。有研究表明，大自然可以让儿童满足好奇心和探索欲，为他们提供各种学习、锻炼和发展的机会，有助于促进他们身心发展，提升体能，缓解心理压力，消除消极情绪，增加幸福感，建立积极的社会关系。自然教育强调户外环境的重要性。学生可以在户外的自然环境中进行实地考察和观察，亲身体验自然现象和生态系统的运行。例如，学生可以去森林、湖泊、海滩等地方进行生物观察、植物研究和地质探索。在户外环境中，学生可以与自然亲密接触，感受自然的美妙和神奇，培养他们的环境意识和保护意识。可以说，自然教育是人们认识自然、了解自然、理解自然的有效方式，也是推动全社会形成尊重自然、顺应自然、保护自然的价值观和行为方式的有效途径。

全国自然教育网络发布的《自然教育行业自律公约》（2019）中将自然教育定义为："在自然中实践的、倡导人与自然和谐关系的教育。"中国林学会（2019）定义自然教育为："在自然中学习体验关于自然的知识和规律，引导和培养人们认知自然、尊重自然、顺应自然和保护自然的生态观，建立人与自然的联结，以期实现人与自然的和谐发展"。四川省地方标准《自然教育基地建设》（2021）对自然教育进行了诠释：自然教育是指"以森林、草原和湿地等自然资源及自然环境为主要依托，以启发性教育、沉浸式体验和参与性学习等方式，让参与者通过五感认知自然和环境，感悟生态，培育和树立尊重自然、顺应自然和保护自然的生态文明理念，促进人与自然和谐共生的所有教育活动的总称"。中国首个以"自然教育"为主题的林业行业标准《自然教育指南》（2022）将自然教育定义为"以自然环境为背景，依托自然资源，通过提供设施和人员服务引导公众亲近自然、认知自然、保护自然的主题性教育过程"。李鑫等（2017）认为，自然教育是一种热爱自然、保护生态的环境教育类型。张佳等（2019）认为，自然教育是在自然的状态和环境中，让孩子通过学习及体验认识自然、了解自然、尊重自然，增强自主意识、尊重自然规律和生命的教育。周晨等（2019）认为，自然教育是通过在自然中引导人们（尤其是儿童）开展与自然连接的实践活动，使其在自由愉悦的状态下学习自然知识，建立自然情感，养成与自然友好相处的生活方式，并自觉参与维护可持续发展、保护自然、关爱地球行动的一种教育。黄宇等（2017）认为，自然教育是一种具有情境性、行动性、反思性、感悟性、主体性等特点的教育。还有部分研究人员将自然教育定义为实现儿童对大自然信息的有效采集、整理、编制，形成社会生活有效逻辑思维的教育过程。其共识性的观点是：在自然中学习体验，培育和树立尊重自然、顺应自然、保护自然的生态文明理念，实现人与自然的和谐发展。

上述定义基本上是从实践出发的经验总结，并不是理论界从学术研究角度的严谨科学阐述。但我们从中也可以发现自然教育具有以下特征：注重自然体验，即自然教育不是坐而论道，不是课堂搬家，一定要走出户外，走进自然，亲自体验，亲身感受，在自然中获得启发；强调向自然学习，以自然界中的实物为教学素材，汲取自然智慧，教育的方式是引导的、启发的、生成性的，不是灌输的、设计的、替代性的；开展自然教育旨在改善人与自然的关系，启发人与自然结伴，保持对生命的态度和对万物的敬畏感，激发尊重自然并保护自然的价值理念和行为方式。因此，自然教育不只是传达科普知识，在建立人与自然的联结基础上，要把自然生态保护的理念传递给参与自然教育的每个人。自然教育的概念有广义与狭义之分。狭义上的自然教育是指在处于自然环境中时，教育者将自然环境作为学习内容和教学方法，其形式可包括自然观察、生态旅游、环保知识科普等一系列的内容，旨在增加人们对自然环境的了解和认识，唤起人们爱护自然、与自然和谐共生的意识。广义的自然教育不强调教育场地，可以处于户外或是室内，侧重强调的是自然知识的学习与理解，以及对自然环境的观察与保护，同时其涉及的领域较广，自然科学、社会科学和人文科学等领域的知识都有所涉及。广义的自然教育强调全面性、系统性和跨领域的学习，旨在培养学生全面深入地了解自然世界及其规律，并关注人类与自然的和谐相处。其教学内容包括地球科学、生物多样性、生态系统、气候变化和可持续发展等多个方面。总的来说，广义的自然教育更加侧重的是知识的学习，而狭义的自然教育则侧重于体验。通过对自然教育渊源的追溯和分析，结合中国当下自然教育行业的现状，自然教育的定义可以被概括为：以自然环境为基础，以推动人与自然和谐为核心，以参与体验为主要方式，引导人们认知和欣赏自然、理解和认同自然、尊重并保护自然，最终达到实现人的自我发展以及人与自然和谐共生目的的教育。

第二节　与自然教育相关的概念

一、自然主义教育

教育是什么？教育为什么？教育如何做？教育必须适合孩子的天性。就像不同的植物有不同的生活环境要求，生长环境适合了才可能阳光灿烂地生长，耐阴的植物给太多的阳光会阻碍其成长，沙漠植物给浇灌太多的水也难以长好。学生是一个个鲜活的生命个体，有共同的属性也有各自不同的特征，教育应当为每一个孩子提供适合其天性、有利于其发展的个性化的教育环境。只有这样的教育才可能真正有效，才可能为孩子接受和喜爱，才可能使每一个孩子阳光灿烂地成长。自然主义教育是西方教育发展史上的一个重要理论，其基本要义是要根据人的自然本性和身心规律进行教育，代表人物包括夸美纽斯、卢梭、裴斯泰洛齐、赫尔巴特、第斯多惠、福禄贝尔、杜威、蒙台梭利等。夸美纽斯认为人作为自然的一部分，其教育应该遵循自然的"秩序"；卢梭在《爱弥儿》中提出教育的目的在于使人成为自然人，并号召儿童教育回归自然、认识自然、感受自然；裴斯泰洛齐认为，教育要把人身上的自然潜在的能力激发出来；第斯多惠认为，自然适应性是教育的最高原则；福禄贝尔强调幼儿教育必须基于自然的法则，老师应该像呵护花儿成长一样去保护儿童本性的自然展开；杜威提出了"教育生长论"，认为教育应该促进儿童本能的生长；理查德·洛夫在《林中最后的小孩》一书中提出儿童"自然缺失症"的概念，并进一步指明自然与儿童深层的精神契合、自然滋养儿童的灵性等观念，引起了广泛关注。自然主义教育旨在培养"自然人"，以顺应孩子的天性以及内在自然的发展规律，根据不同年龄阶段的身心发展以及接受能力遵循自然进程进行教育。

自然教育在中国最早可追溯到老子和庄子"自然无为"的道家思想。老子在《道德经》的首篇就提出："道可道，非常道；名可名，非常名。""道"即大自然的发展规律，师法自然、以自然为师，才能成为有道德的人。庄子也在《齐物论》中提出万物平等、天人合一的思想，关注的就是人类如何与自然相处，解决人类如何生存的问题。到了近代，我国近现代教育学家蔡元培力倡"尚自然""展个性"的教育主张，将中国的自然主义教育发展到了极致。

二、博物教育

"博物"是指辨识了解各种事物，含有多样性、兼容性的特点。博物学是关于自然发生性、自然成长的知识，在古代，可以说大部分知识都是博物学知识，对于知识的认识或获取的过程几乎都是通过博物认知。而现代，虽然电子设备为人们提供了更为便捷的认知途径，但由于接触面和信息传播的无选择性，人们很大程度上难辨真假。通过电子设备的认知学习，对于儿童来说，极其不利于孩子各方面的健康成长。自然教育在内容上包含了很多博物学教育内容，并且注重儿童的基础教育，有利于儿童实现自由而全面的发展。在玩和讲故事的过程中，儿童自然而然地学到东西，亲身体验于其中，不需要明言传授就能获得默会性的知识，这是在博物教育中常见的方式，即通过博物认知获得关于生存经验的博物学知识。卢梭的自然教育过程也体现了博物认知的理念。博物学自古就有，其产生是"基于初民在大地上最基本的生存经验而形成的"，此过程凸显出博物学的特点：自然性、涉身性、有情性、地方性。博物教育的一个重要基础是认知科学。认知科学的发展主要分为两个阶段：第一阶段是以"认知的符号加工和联结主义的并行加工"为主；第二阶段是具身认知，是将"认知放到实际生活中加以考察""强调认知对身体的依赖性"。可见，博物认知具有具身性、情境性、默会性等特点，孩子能够在无形中接受教育，对孩子成长具有重要的作用。

博物教育作为一种新的教育范式，以"博以成人"为目标，真正满足个人自身的全面发展。在教育对象上，博物教育的"博"体现在不仅有在校生，还有走向社会的成人，当然更重要的是学龄前的儿童。博物教育是一种平衡、亲知的教育范式，注重个人的身心发展，就像古希腊罗马的自由教育那样，强调身心的和谐发展，注重儿童的基础教育，因为儿童的生命自然原则才是教育真正的起点，而且儿童出生后最早接触的并不是数学等数理科学知识，而是博物学知识。在教育内容上，博物教育并不是传授一种离身性的知识，而是以具象性知识为主，具象性的知识包含客观化的符号表征知识，更重要的是个人心理表征知识。在知识的建构中有一种来源是身体经验，这种建构是"通过参与的、鲜活的包括肉体、感知和身体与世界中的存在在内的身体体验而进行的"。身体经验对知识的建构说明知识具有个人性，这正是之前提到的博物学知识的特征之一。在教育方式上，博物教育注重身体的重要性，这与前面提到的知识的建构有关。博物学知识有很多是波兰尼所谓的个人知识，或称为默会性知识，这种知识的传授不能仅仅依靠数理范式教育那种课堂教学。"课堂教学中将学生当作知识的存储器，忽略学生的身体能动性"。这里的"身体"并不局限在物理性的肉身，"许多研究表明，自然发生的环境和物理工具都可以被视为认知的资源"。因此，"具身心灵"还包括环境和工具。在博物教育中，物理性的身体、自然环境和物理工具都需要被考虑到。具身参与性、情感体验的方式成为博物教育主要的教育方式，大自然成为教育的环境。通过博物教育，受教育者能够主动进行思辨，运用自己的身体主动投入自然环境的情境中，使用物理工具接受教育，他们可以按照个人自身的发展需求吸收相关的知识。

博物教育天然就是自由的教育，它不再制度化地以平均化、规范化和量化作为指标，而是一种以追求人的成长和发展为目标，关注人的热情、意志力、感受和想象力的整体性教育范式。通过鼓励探索式学习、批判性思维和跨学科的学习，着重于学生个人的全面发展，包括智力、情感、社会、身体和艺术等各方面，关注个人潜能的开发、创新能力的培养以及独立思考的能力。在博物教育中，首先学龄前的儿童能够以一种独立主体的形式，通过具身性参与，主动汲取利于自身发展需求的知识内容，可以避免其过早地模式化，为他们之后接受学校教育打好基础。其次对于走出学校的成人而言，无论从事什么样的工作，他们仍然需要通过博物认知的方式继续学习，成为他们希望成为的那种人。

三、环境教育

20 世纪以来，科技进步和社会生产力的提高，人类创造出前所未有的物质财富。但与此同时，人口剧增、资源过度消耗、环境污染、生态破坏、国家或地区之间贫富差距扩大等全球性问题也日益突出，严重阻碍了人类社会的长远发展和生活质量的提高，甚至对人类未来的生存和发展构成了威胁。环境教育的概念最早在1948 年世界自然保护联盟（IUCN）巴黎会议上提出，威尔士自然保护协会主席托马斯·普瑞察指出，环境教育的目的是多样的，既包括对于环境保护人才的专业培育，也包括对于社会大众自觉关心环境的意识培育，以及社会大众有效进行环境保护的技能锻炼，最终目标是达成人与自然的良性互动。1969年由美国密歇根大学斯旦泼教授等给出定义，环境教育提倡人们认识、学习他们所身处的环境，以及组成环境的所有生物和非生物要素之间的相互关系，从中不仅学习知识、技能，更改变人的价值观，并通过个人或集体的行动去解决现在正面临或将来可能发生的环境问题。我国于1973年召开的全国第一次环境保护会议上通过的《关于保护和改善环境的若干规定》中，首次指出在全国范围内开展环境保护宣传教育。1973年以后，中国环境教育在实施主体、目标群体、主要内容三方面呈现阶段性差异见表1-1。教育部印发的《中小学环境教育实施指南（试行）》（2003）中提出环境教育旨在引导学生关注家庭、社区、国家和全球面临的环境问题，正确认识个人、社会和自然之间相互依存的关系；帮助学生获得人与环境和谐相处所需要的知识和技能，养成有益于环境的情感、态度和价值观；鼓励学生积极参与面向可持续发展的决策与行动，成为有社会实践能力和责任感的公民。

表1-1　中国环境教育的演变历程与特征

阶段	时间（年）	实施主体	目标群体	主要内容
萌芽与起步阶段	1973—1992	政府、学校	体制内领导干部、学生	环境科学
探索阶段	1992—2000	政府、学校、少量民间组织	全体公民	环境科学、环境法律知识、可持续发展教育
稳固阶段	2000—2013	政府、学校为主，民间组织为辅	全体公民	环境科学、环境法律知识、可持续发展教育、绿色教育
深化与创新阶段	2013至今	政府、学校和社会三位一体	全体公民	环境科学、环境法律知识、可持续发展教育、绿色教育、生态文明教育

（一）萌芽与起步阶段（1973—1992年）

1972年，中国派代表团参加人类环境会议，会议通过了《人类环境宣言》并公布了26项指导人类环境保护的原则。在这次会议的影响下，中国开始重视环境问题。次年，中国召开的第一次环境保护会议审议通过了《关于保护和改善环境的若干规定》，文件第九条明确指出"大力开展环境保护的科学研究工作，做好宣传教育"，这是国家第一次正式提出要进行环境保护的宣传教育。1981年，《国务院关于在国民经济调整时期加强环境保护工作的决定》中强调"要把培养环境保护人才纳入国家教育规划""中、小学要普及环境科学知识"，促进了正规教育体系里环境教育专业的发展。

（二）探索阶段（1992—2000年）

1992年，联合国环境与发展会议通过的《二十一世纪议程》中提出"以可持续发展为导向，重新修订教育方针"。受此会议影响，同年，中国发布《中国环境与发展十大对策》，第八条明确指出"加强环境教育，不断提高全民族的环境意识"。中国开始把环境宣传教育作为一项重要职责和经常性的任务。20世纪90年代，一批民间环保组织涌现，例如"自然之友""地球村""绿色江河"等，这些民间环保组织通过组织环保公益宣传活动，在结构和形式上推动了中国的环境教育事业，成为政府开展环境教育之外的有益补充。

（三）稳固阶段（2000—2013年）

中国的环境教育在经历了萌芽起步、探索阶段后，试图通过制度性规范稳固环境教育的成果。在《全国环境教育宣传行动纲要（1995—2010年）》中提出"到2000年，在全国逐步开展创建'绿色学校'，活动""建立国家级环境教育基地"，这是国家首次以"纲要"的形式指导环境教育工作，将环境教育的实践活动纳入制度层面。《2010年全国环境宣传教育工作要点》中指出"抓好面向社会的环境教育培训工作，积极推动环境教育立法，加强NGO组织管理，进一步规范公众团体有序参与环保行为，激发公众参与环保、支持环保的热情"，这表明国家重视民间环保组织的环境教育力量，并将民间环保组织纳入国家管理。2011年，中国第一部环境教育专项法规《宁夏回族自治区环境教育条例》发布，其在环境教育发展史上，具有里程碑意义。

（四）深化与创新阶段（2013年至今）

党的十八大把生态文明建设放在治国理政的突出位置，2013年以来，一场场环保问责风暴在各地兴起。2015年颁布的《环境保护公众参与办法》中指出"环境保护主管部门应当在其职责范围内加强宣传教育工作，普及环境科学知识，增强公众的环保意识、生态意识、节约意识，自觉践行绿色生活，绿色消费，形成低碳节约，保护环境的社会风尚"，这表明国家希望通过环境教育培育公众的生态自觉，并形成社会思潮。《全国环境宣传教育工作纲要（2016—2020年）》强调"积极促进公众参与，壮大环保社会力量""成立环境宣传教育工作专家委员会，为环境宣传教育工作提供智力支持""不断完善环境宣传教育工作评价考核机制"，可见，国家在环境教育社会化、专业化程度上进行了更深的拓展。2017年，《建立国家公园体制总体方案》出台，国家公园是环境教育的天然大教室，其试点和推行让环境教育能够以更优质的自然资源、更国际化的经验为依托。2020年，第七届环境教育年会以"共建美丽中国 共享生态文明"为主题，生态文明教育成为环境教育的新动态。

综合以上，环境教育通常表现出以下特征：

①全民性，环境教育是面向全社会群体进行的教育过程。

②实践性，环境教育的最终目标是促使受教育者环境友好行为的产生。

③动态性，环境教育过程呈现出认知-保护-敬畏的动态情感变化过程。

　　环境教育具有鲜明的行动和问题导向，并强调从价值观层面对人的深层影响，对丰富和完善当下自然教育行业的内涵和形式起到了重要作用，使得更多从业者能够在感性的情感角度、理性的科学角度之外进一步去思考和践行自然教育通过社会化和公众参与的路径真正为自然环境的保护、改善及未来的可持续发展做些什么。

　　自然主义教育、博物教育和环境教育分别从基本原则、形式和方法，以及价值导向和路径引领上为当下自然教育的发展奠定了基础。所以，自然教育并不止于自然环境教育，环境教育是以认知和解决环境问题为导向，无论是知识的学习、技能的获取还是价值观的培养、行为的重塑，最终目的都是为了解决现在正面临或将来可能发生的环境问题；自然教育则以正确认识和处理人与自然的关系为核心，目的在于倡导尊重自然、顺应自然、保护自然，与环境教育的动因和价值取向有所差异。自然主义教育思想的核心是人的自然发展和教育问题，其主要特征是依据人的自然本性全面论述教育的过程，以揭示人的发展和教育活动的本质，为人的发展和教育创造有利条件。一般来说，自然主义教育是一种思想观念或是历史思潮。称之为"主义"，是对自然教育的一种概括，使之与其他"主义"平行于教育思想史的空间。自然教育接续自然主义教育，也吸收了自然主义教育的营养，但又在自然主义教育理念之上。将自然教育中的"自然"理解为自然界或自然环境。这样的理解实则是窄化了自然教育的内涵，而不是在一种"大"自然观中去理解教育。博物教育的理念与自然教育最接近，特别是它强调要在看得见摸得着的真实自然中学习、理解和思考，与当前自然教育强调要参与和体验自然不谋而合；但博物学教育更重视对有关知识的分类、整理、学习和思考，重视知识的获取和积累，而自然教育并不单纯强调知识的获取，它更看重能力的拓展、情感的获取和价值观的培养。

　　在实践中，许多人把自然教育当成关于自然科学方面的科普教育（以下简称"自然科普"）。实际上，二者之间存在着明显差异：

　　第一，从主要目的来看，自然科普的目的是提升公众科学素养，因而也往往被看作学校教育的补充和延伸；而自然教育的目的就是实现人的自我发展，促进人与自然和谐。

　　第二，从组织机构来看，自然科普一般由专业的、经授权的机构来组织实施，包括政府部门、科技馆、博物馆、科普基地等，活动经费一般由政府拨款或企业、基金会、社会组织等捐赠；而自然教育是新兴事物，政府尚未设置专门的行政管理和工作机构，除少量自然保护地、自然公园、城市公园外，大部分自然教育活动目前还是由企业或民间组织来开展，活动经费以自筹或捐赠为主，较少有财政拨款。

　　第三，从实施过程上来看，自然科普往往是将自然环境相关的科学知识从传播者导入接受者的单向传播过程，主体、客体和受众有着明显的角色区别；自然教育则是一个自然而然的过程，大自然就是老师，天地旷野就是课堂，"老师"的自我定位是教育活动中的引导者和看护者，他们与学生一起感受、一起成长，共同实现自我发展，教师、学生乃至自然万物和谐一体、彼此相融。

第四，从知识需求来看，自然科普需要以大量的科学知识为载体，使公众形成科学理性的思维方式、行为方式和生活方式；而自然教育则不需要以特别深奥的专业知识为背景，从业者更强调要储备相关领域的基础类知识，一次农耕体验、一场自然游戏、一次森林之旅，都是自然教育的过程。

此外，自然教育在不同国家、不同地区、不同部门有不同的提法，如自然学校、森林学校、湿地学校、绿色学校、营地教育、研学旅行、森林教育、乡村教育等，其实质基本上与本文论述的自然教育相通，或是某一方面的自然教育。

在此，也将自然教育与环境教育、生态教育进行分析。环境教育目的是要使访问者了解环境，以及组成环境的生物、物理和社会文化要素间的相互关系、相互作用，得到有关环境生态方面的知识、技能和价值观，并思考个体和社会如何应对环境问题，最终目的是培养公民的环境素养。所谓环境，是与某一特定主体有关的周围一切事物的总和。在环境科学中，一般以人类为主体，那么我们所说的环境，即围绕着人群的空间以及各种外部条件或因素。其构成要素包括地形、地质、土壤、水文、气候、植被、动物、微生物等，这体现了以人类为中心、"以人为本"的思想。过去，我们过多地为"人"考虑，忽略了人之外的环境，导致了各种环境问题。"人"从本质上讲，是自然界的一部分，我们应该遵循的是自然法则，应提倡"以自然为本"。生态教育是以生态学为依据，传播生态知识和生态文化，提高人们的生态意识及生态素养，塑造生态文明的教育。

自然教育是以有吸引力的方式，在自然中体验学习关于自然的知识和经验，建立人与自然的联结，尊重生命，建立生态的世界观，遵照自然规律行事，以期实现人与自然的和谐发展。首先，自然教育很关注情感的启迪和提升。环境教育往往是从问题出发寻求解决方法，而自然教育是从体验、感受和情感出发，鼓励人们保护美好。其次，自然教育更加注重户外，强调直接的体验。而环境教育更正式，因其受教学条件的限制多，直接体验非常有限。最后，自然教育非常关注三个关系的建立和提升，即人与自然的关系，人与他人的关系，以及人与自我的关系。环境教育更多的是处理自然中人与人的关系，对于人与自然的关系有所涉及，但是强调不足，而人与自我的关系，基本没有关注到。儿童的生命源自自然，也只有在自然的原则下才能真正地绽放。

第三节 自然教育的对象和方式

关于自然教育的对象问题，联合国教科文组织社会学习和可持续发展主席阿尔杨·瓦尔斯曾在 2015 年提到，自然教育虽然是面向全体民众的，但是重点培养的对象应该是青少年。这也许与自然缺失症有重要关系，因为自然教育可以弥补青少年在教育过程中所缺少的自然知识部分，对青少年认知水平的提高有重要作用。自然教育应该根据参与对象现在所处的身心发展阶段开展相应的自然教育活动，并循序渐进地推进。

教育部《3~6岁儿童学习与发展指南》（2012）认为这一阶段儿童的特征主要有以下几点：情绪都比较稳定，能够融入新的人际关系和集体生活，身体具有一定的协调性和灵活性；喜欢接触大自然，对周围的很多事物和现象感兴趣，对感兴趣的事物能仔细观察，并喜欢刨根问底；能基本认识常见的动植物，能注意并发现周围的动植物是多种多样的；喜欢观看花草树木、日月星空等大自然中美的事物，容易被自然界中的鸟鸣、风声、雨声等好听的声音所吸引。可见，这一阶段的儿童同样需要自然教育。为此，针对这一阶段的儿童我们可以在大自然中通过躲藏、触摸、观察、探索、花草游戏、摘取、嗅闻、管养、冒险、就座、构建、滑草、俯冲、攀爬、温度的感知、光影的观察、风的感知、风向的学习等方式对3~6岁的儿童进行自然教育。比如在原生小树林和自然灌丛，包括落叶乔木、常绿灌木、观花乔木、果树，以及少量草花、天然草地和生态草坪进行躲藏、捉虫、捕蝶、触摸植物、嗅闻花香、观察植物、观察小动物和土壤、花草游戏等自然游戏；在草坪屋顶、菜园、花园进行观察、探索等自然游戏；在树屋、独立茶室、山洞、秘密基地等进行探索、躲藏、构建等自然游戏；通过植物的花、果、叶、杆、根、味等提供五感体验，在种植园地进行农作物的种、养、食一体化自然体验等来渗透自然教育。

英国教育家赫伯特·斯宾塞把0~12岁的儿童根据年龄分为三个层次：第一层次是0~3岁。这个阶段是孩子对世界产生最初印象的时候，他无法进行分类、定性，而是完全凭感觉了解这个世界，也很容易把这种感受与生命复杂的发育过程联系在一起。孩子就像一个灵敏的测量计，可以敏感地辨别出什么环境对他有利，什么环境对他不利。第二层次是3~6岁。这是自然环境对孩子性格、智力影响的第二个阶段。这个年龄段的孩子已经具有了初步的分辨能力，开始注意自然界中各种东西的功能和变化。孩子会把所见所闻的事物存留在思维、记忆中，这些印象或深刻，或漂浮，或令人身心愉悦，或令人心生烦恼。大自然这位老师对孩子来说永远都是公平的。在这个阶段开展的自然教育应该有计划地、循序渐进地进行，可以先给孩子讲述一些自然万物的功能、特点、变化和相互关系。第三层次是6~12岁。此阶段的孩子拥有强烈的求知欲，喜欢分析不同事物。但是对于美感来说，分析又是没有用的。因为美感是一种直观的感受，一些植物学家、动物学家虽然研究动植物，但是却丧失了对动植物的美感。事实上，美感和神秘感常常是启发人的悟性、灵感的必要条件。当孩子的情绪有所起伏的时候，大自然除了充当一般求知的对象之外，还可以充当规律的导师，心情的调节师或暗示者的角色。

孩子在不同年龄阶段身心发展的程度不同，相应的教育方式也应该有不同的侧重，需要采用不同的教育方式。卢梭根据孩子不同的身心发展顺序科学划分了四个阶段，并提出了对应的教育方法：一是 0~2 岁幼儿阶段。这是教育的初始阶段，要注重孩子的衣、食、睡眠等，主要以孩子的身体养护为主，可以运用游戏方式强健孩子的体魄，使孩子获得自然的发展，锻炼他们的体格，促进他们的身体健康。二是 2~12 岁儿童阶段。这一阶段伴随幼儿逐渐成长，其独立意识开始形成，但儿童这一时期仍然主要依赖对外部事物的感觉，这一时期称为"理智的睡眠期"，主要应开展"感觉教育"，让孩子接触自然，用自己的感官体验各种事物的色彩、大小、形状、气味、温度等，使其积累对周围事物的感觉经验，就能为其将来的智力发展打下坚实的基础。三是 12~15 岁少年阶段。进入少年阶段的教育主要为智力教育和劳动教育。卢梭认为，智力教育不是简单地传授和灌输知识，而是要激发其对所学知识的兴趣和热情，着重培养孩子的思维观念。可以通过实践劳动"在做中学"发展心智，同时劳动也可以强健体魄。四是 15~20 岁青年阶段。这时，孩子已经具备了判断能力，并逐渐开始对社会关系有所敏感和发现。因此，教育应该以道德教育为主、人文学科为辅，帮助孩子树立正确的人生观、价值观和世界观，使孩子内心产生善良、博爱、仁慈、怜悯的情感，并培养其一切使人感到喜悦和温暖的美德，防止产生妒忌、贪婪、仇恨或过分的欲望。

第四节　自然教育与自然体验

"自然体验（nature experience）"一词最早出现于 20 世纪 80 年代中后期，作为专有名词出现在日本青少年教育相关的政策、活动指南、申请书、《学习指导要领》等文献中。2013 年 1 月日本中央教育审议会《关于今后青少年体验活动的推进（答申）》中明确定义，"自然体验活动"指登山、露营、郊游等户外活动和观察星空、动植物等与自然、环境相关的学习活动。布拉特曼等人（2019）认为自然体验是指个体通过各种感官通道感知自然世界或与源于自然世界的刺激（从盆栽植物和私人花园到更广阔的公共绿地和荒野，感受天气和太阳的运动）进行互动。户外玩耍被认为是童年中必不可少的一部分，然而在现代社会中因为父母的抚养焦虑而使得"田园牧歌式的童年"越来越少。理查德·洛夫（2005）最早提出"自然缺失症"（nature deficit disorder）的概念。"自然缺失症"是人类特别是儿童长期与自然隔绝而产生的生理和心理的各类症状，虽然"自然缺失症"没有被列为医学意义上的疾病，但长期的自然缺失却可能导致一系列身体机能失调或疾病的发生概率上升，如罹患肥胖症的概率上升 15%，抑郁症上升 33%，焦虑症上升 44%。各国政府高度重视"自然缺失"并推出相应的措施，美国在这方面走在全球前列，推出的措施如美国国家森林局率先在全球推出了"让更多的儿童进入森林"（more kids in the woods）项目。美国联邦政府则在 2009 年推出《不让孩子闷在室内的法案》（*no child left inside initiative*），敦促各州设立环境教育的标准，鼓励儿童到户外多亲近自然，去探索和发现，增加自然相关的教育。有研究表明触摸自然可以让整个世界都变得亲近，自然可以对儿童的身心、认同和社会关系产生重要的影响。如布拉特曼等（2015）的研究发现自然体验对人类的认知和情感均有显著的改善作用。儿童对自然的体验是一个具身（embodied）的过程，自然能使儿童感觉平静、逃离日常生活出现的压力、与家庭成员亲密互动，还有做与日常生活中完全不一样事情的机会。有学者呼吁在组织儿童的自然活动时，可以少一些成人的指导和干预，在确保安全的情况下让儿童能更加自由地玩耍，更好地与自然和同龄人互动。

自然是多姿多彩的，处于生命之初的个体要尽情地去感知自然的色彩，唯有如此才能养成健全的心性和完整的人格。例如，春天万物复苏，大自然的各种植物开始生长，绿叶吐新，花姿摇曳，虫鸣鸟啼，其展现的不仅是大自然生态的多样性，还蕴含着生命轮回的自然规律。正所谓春来日渐长，儿童寻春忙。在生命早期，阳光雨露、花草虫鱼等自然之物可以愉悦儿童的身心、启迪儿童的灵魂以及激发儿童生命成长的原始动力，因此，对儿童进行自然教育首先要基于自然体验，要通过大自然中的一草一木来开启儿童对世界的认知大门，带领儿童走进自然，让他们在风和日丽的时节在大自然中奔跑追逐蝴蝶，俯身观察蚂蚁和蜗牛，或在雨后呼吸清新空气，欣赏树木吐露的新芽。自然对人类的滋养是多向度的，除了提供基本的生存物质，它还可以为人类的审美、想象、创造力等的发展提供极强的启示。而这一切又与儿童的个体特质密切相关，对于同样一个蜂巢，有的儿童可能关注其形状的美，有的儿童可能惊叹于其结构的神奇，有的儿童则可能会引发对蜜蜂勤劳的赞美。除了大自然外，日常生活也是构成儿童成长的另一基本情境，它为儿童社会性的习得和人文精神的发育提供了基本场域和认知加工对象。日常生活可以通过大量鲜活且具象的事物或者事件来拓展儿童的经验范畴，深化儿童对事物多样性的理解。此外，日常生活对儿童发展的支持具有浸润性，儿童通过所听、所视、所感便可实现对经验的内化。

儿童的自然教育在以教育为目标导向的基础之上，应该将自然体验作为教育的实现路径，通过儿童对自然的具身感知和深度探究来开展学习，增进儿童对事物的认知、深化儿童经验发展，从而支持儿童在拓展经验范畴的基础上发展良好的学习品质。因此，儿童视域中的自然就不再仅指大自然，儿童作为一个社会个体所依存的生活和社会交往世界也是教育意义上的自然的一部分，它们共同为儿童认知、情感、精神等的发展提供作用的对象，对儿童的自然教育也不能只停留于知道自然是什么，应当根据儿童在身体和心理发展的阶段性和个体性，调整自然体验方式方法和内容，建构儿童对世界的完整认知。而感官是儿童认识世界的第一通道，但体验不足以支撑儿童的深度探究和持续发展，自然体验教育应该引导儿童经历感官体验——内在加工——外化产出的完整发展过程。因此，儿童自然体验教育应涵括三个方面：第一，自主观察体验，重点关注儿童感官体验，通过亲身经历激发儿童在情境中主动发现问题、生成待解决问题。第二，自主探索体验，重点关注儿童的自主探究，通过丰富的可操作材料来引导儿童对活动的主动参与、交流和思考，目的是培养儿童好奇好问、主动探究等学习品质。第三，自主表达体验，通过自我表达来强化和内化经验。

第五节　自然教育思想人物

一、柏拉图

西方历史上首次论述自然主义教育思想的是古希腊的柏拉图。他认为外来的教育不是真正的教育，真正的教育是将存在于学生身上的潜力吸引出来的过程。"知识的种子存在于每个人的心灵之中，教师的作用是帮助学生自己去发现真理，教师的任务是帮助心灵走向光明，这是完全自然的运动"，自然教育是实现理想国的重要手段。

二、亚里士多德

古希腊教育家亚里士多德最早提出，教育应以"效法自然"的思想来确定教育任务、选择教学内容和方法，在教育过程中要注意儿童心理发展的自然特点，主张按照儿童心理发展的规律对儿童进行分阶段教育，提倡对学生进行和谐全面发展的教育。

三、夸美纽斯

夸美纽斯在他的《大教学论》中，对自然教育进行了论述。他认为"旧的教育禁锢了儿童的发展，违背了自然，用无用的知识填满儿童的头脑"。"教育学之父"夸美纽斯明确提出了教育适应自然原则，并且将其作为贯穿整个教育体系的一条根本的指导性原则。夸美纽斯的"自然"有两方面的含义。一是自然界存在的普遍顺序。教育的秩序应以自然为鉴，模仿自然，适应自然应从儿童时期开始。二是人的自然本性和儿童年龄特征。教育要适应人的天性，适合人的年龄，使每个人的智力都能得到充分的发展。德国教育家康德也提出了自己的自然主义教育主张。在他看来，人的所有自然禀赋都有待于发展，"人是唯一需要教育的动物"，教育的根本任务在于充分发展人的自然禀赋，使人人都成为自身、成为本来的自我并得到自我完善。

四、卢梭

卢梭是法国著名启蒙思想家、哲学家和教育家，其"自然教育思想"有着系统的理论体系，该思想主张教育要顺应儿童本性，使儿童的身心得以自由发展，教育的目的是培养天性得到充分发展的"自然人"。卢梭热爱自然，也崇尚自然，他认为最伟大的教师不是任何书籍，而是大自然。在卢梭看来，我们每个人必然要从三个方面接受教育以实现培育自身的目的："或是受之于自然，或是受之于人，或是受之于事物。"这里的"自然的教育"指的是人的身体和心灵，它们是不为人所控制的、内在的发展；"人的教育"指的是通过别人的教导或者前人的经验所获得的，完全由个体所控制的发展；"事物的教育"指的是在客观环境影响下，还可以控制其中的某些方面获得的发展，这几个方面的教育既相互区别，又统一于每个人的成长过程中，并影响着我们的最终状态。就像沿着不同的方向永远也到不了相同的终点，互相冲突的教育也必将会让我们迷失方向，在混乱中庸庸碌碌地过完一生。所以，唯有自然、个体、事物三者的教育倾向于同样目的，才会使我们达到自己的目标，实现自己的价值，这样相互协调的教育才是良好的，适合个体发展的教育模式。

在卢梭的心目中，人应该处于一种自然状态。"自然"不是大自然的本性，而是一种不受束缚的、原始的状态。这种"自然"体现在人的身上就是天性，其他所有的能够对人产生影响的，都要依附于人的天性之中。所谓的自然教育，就是要使儿童能够不受束缚，服从自然的原则，按照自己的天性自由地发展，或者说，卢梭将其他所有对儿童产生束缚的、规范儿童心灵和思想的事物从儿童身边拿走。他认为，"自然"是人的天性，是人的本质，影响着我们的成长和发展，决定了我们最终能够成为什么样的个体。按照自然法则教育儿童，使其能够跟随自己的天性自由地发展，最终实现教育的目标——"自然人"。"自然人"是自由的、不受束缚的个体。

卢梭还提倡孩子的教育要回到乡村以帮助孩子发展内在自然。虽然现代社会的生活节奏让人们很难做到远离城市回归乡村去接受自然教育，但可以在家庭中为孩子营造自然的成长环境，不去过分干预孩子自然本性的发展，尽量避免孩子过早接触社会，受到负面因素的影响，如注重成绩、升学等功利化思想。

五、裴斯泰洛齐

裴斯泰洛齐受卢梭自然主义教育思想的影响，但又有所不同。他认为，教育既要遵循儿童的天性，也要通过教育的作用，把人性提到更高的道德境界。只有教育才能把人身上的能力发掘出来，教育的目的就在于"促进人的一切天赋能力和力量的全面和谐的发展"。他进一步将自然教育思想深化，在教育史上首次提出了"教育心理学化"的口号，使教育适应自然的理论有了新的内涵，开拓了西方教育心理学化运动的先河。

"教育要心理化"就是把儿童的自然本性直接理解为儿童的心理活动，从而使自然教育增添了"心理学"的内涵，也使自然教育思想的发展从卢梭的主观自然教育思想中超拔出来，进入一个崭新阶段——心理化自然教育思想。在裴斯泰洛齐看来，教育适应儿童的自然本性实质上是适应儿童的心理活动。

六、福禄贝尔

福禄贝尔，是德国著名的教育理论家和教育实践家，19世纪新教育的倡导者之一，近代学前教育理论的奠基人。在其代表作《人的教育》中，福禄贝尔详细论述了游戏对儿童发展的意义。

游戏的目的不仅是活动，还是对事物本身的表现。儿童具有活动的本能，随着年龄的增长，活动的本能会发展成为创造的冲动，这种创造的冲动使儿童会自己去表现他所看到的一切。所以，游戏的目的不仅仅在于活动本身，而且在于表现。儿童通过游戏表现事物本身就像成人通过语言表达自己一样自然。儿童作为集体的一员，可以在这些游戏中获得一种肯定的和可靠的力量，并能感觉到这种力量的增长。儿童游戏的这种创造性、表现性会随着年龄的增长而日益得到发展。

游戏将为社会培养共同的意识和感情，发展社会共同的法则和要求。在做游戏时，儿童会尝试在他的伙伴中观察自己，感受自己，衡量和测量自己，通过他们去认识自己和发现自己。这样，游戏便直接地对生活发生了作用，培养了孩子的生活能力，激发和培育了许多公民的道德和品质。不管在什么地方，儿童的游戏都具有共同性，所以它将为社会培养共同的意识和感情，发展社会共同的法则和要求。基于以上认识，福禄贝尔建议每一个村镇应当建立一个自己的、供儿童使用的公共游戏场所，他认为这对整个社区的生活将会产生卓越的成效。

游戏不仅能锻炼身体的力量，也能显示出精神道德的力量。福禄贝尔指出，游戏可以培养孩子们对正义、节制、克己、诚实、忠诚、友爱以及公正无私的正确理解，并能通过游戏培养孩子们的勇敢、忍耐、坚定和慎重的精神。福禄贝尔认为，游戏可以是身体的游戏，也可以是感官的游戏或者精神的游戏。身体的游戏如奔跑、拳击、角力等，这些游戏可以锻炼身体的力量；感官的游戏有听觉的练习，如捉迷藏，有视觉的练习，如射击游戏、色彩游戏等；精神的游戏有棋弈游戏等，这些游戏可以锻炼儿童思考和判断的能力。当儿童参与游戏时，不仅锻炼了身体力量，而且使精神和思想得到升华。

室外游戏和室内游戏均需受关注。福禄贝尔非常强调室外游戏对儿童发展的重大作用，但他也指出，由于季节关系和环境因素不容许儿童始终在户外练习和发展自己的力量，同时孩子又不应当无所事事，因此，各种室内的外部作业和表现，特别像纸工、模型制作等游戏活动，应该构成儿童生活和指导的基本部分，这种室内游戏对儿童发展是极其重要的。

福禄贝尔指出，儿童游戏是基于儿童的内心活动和内在发展需要的，就像鸟飞、鱼游一样自然。教育者，特别是父母，一定要谨慎对待儿童的游戏需要，不要因为工作紧迫而禁止儿童游戏，否则，会扰乱儿童的内心活动，使儿童感觉自己是孤单的，不知怎样去运用内在的力量，甚至使这种力量成为他们的负担和压力，使他们感到恼怒，变得怠惰起来。父母一定要尊重儿童身上出现的最初的活动本能和最初的创造冲动，因为这对儿童将来的发展至关重要。

七、杜威

美国著名实用主义哲学家杜威在继承前辈关于自然主义教育思想的同时，发展出自己独特的理论体系。杜威主张教育即生活、生长、经验的不断改造，要从做中学，从经验中学，以活动性、经验性的主动作业取代传统书本教材的统治地位。他将自然主义思想进一步发展为教育要以儿童为中心，提出了新教育的三中心理论，即"儿童中心""活动中心"和"经验中心"。杜威认为，教育就是生活，是生长，是经验的改组或改造。教育活动本身就是教育的目的，不存在教育过程以外的任何目的。课程要以儿童身心发展的规律来设置，形成了独具特色的"儿童中心"课程论。至此，自然主义教育思想在西方的发展汇聚成一个大的教育潮流，成为影响世界教育的重要理论和思想。

八、老子和庄子

在中国，先秦的老子和庄子提出了与自然主义教育有异曲同工之妙的教育思想。老子全盘否定文化教育的价值，主张回归自然、复归人的自然本性，一切任其自然便是最好的教育，在《老子》一书中提出了"绝圣弃智"的观点。庄子继承了老子"道法自然"的思想，倡导不要用人力去改变自然，一切事物都有自然本性、自然之道，遵循这个"道"，才能到达自由境界。

第六节　自然教育的目标

自然教育仅仅是学习场所从室内到自然中的简单变化吗？如何定位自然教育中的"教师"角色？如何让学习者发挥主动性？自我发现与"教师"的引导和帮助如何更好地结合在一起？这些是促使自然教育有效开展时需要重视的问题。自然教育的对象如何获得有效的自然知识则归属教育方法的问题。自然教育是人们认识自然、了解自然的有效途径，但在中国教育体系中，说教和单一方向的知识传递是最简单实施且常见的方法，但每一位自然教育工作者都需要考虑如何通过自然教育联结人与自然的关系，如何让人意识到大自然的重要性，从而形成了解自然、尊重自然、顺应自然、保护自然的价值观，最终真正达到人与自然和谐共生的目的。

大力开展自然教育既是贯彻落实习近平生态文明思想的实际行动，也是我国生态文明建设的重要内容，更是推动社会绿色发展的不竭动力。因此，自然教育工作者需要时刻记住，自然教育不只是在自然中体验和学习知识，更是帮助学习者理解人与自然的关系，是为了解决人类社会面临的环境问题，这才是自然教育的初衷。知识是自然教育的重要载体，通过自然教育，获得自然方面的知识、深入理解人与自然的关系，培养受教育者的环境素养，是自然教育的目标。

在生态文明建设背景下，通过对自然教育渊源的追溯和分析，我们可以总结出自然教育主要有以下几个目标：

第一，注重人自由而全面的发展。马克思主义认为，人的发展的最高境界是自由全面发展，是人的本质的真正实现。很多国内外证据都表明，与自然直接接触有益于儿童的身心健康。美国作家理查德·洛夫曾在《林间最后的小孩》一书中提出了"自然缺失症"一词。它描述的是生活在现代都市中的儿童缺少与大自然的联结，甚至出现与大自然割裂的现象。自然缺失症并不是一种医学意义上的病症，但如果这种情况在儿童身上长时间存在，很可能会导致一系列行为、生理、心理上的问题。比如，肥胖症、视力退化、注意力障碍、抑郁症等。有研究表明，直接接触自然对于注意力缺失、多动症、儿童抑郁症等都有治疗的功能，对认知能力也有改善作用。通过自然教育，可以让参与者走进自然，在自然的规律中去发现知识，服从自然的永恒法则，让身心得到自由的发展，进而激发人的未知潜能。

第二，传递保护环境理念，培养保护环境意识。英国环境教育专家亚瑟·卢卡斯在1972年提出了"卢卡斯模式"。他将英国的环境教育分为基本的三个部分，即"关于环境的教育""为了环境的教育"和"在环境中的教育"。其中关于环境的教育，注重向学生传授有关环境的基本知识，强调发展学生与环境领域相关的认知能力，并能较好地理解环境问题的基本原理。学生通过习得与理解这些知识，培养科学的环境态度，从而产生关心和保护环境的意识与愿望。在环境中的教育，将环境本身视为有效的学习资源，允许学生在真实的活动中发展知识和理解力，培养学生的调查、交流、协作等能力，从而激发学生的环境情感。为了环境的教育，强调对于学生价值观与态度的培养，注重提高学生对环境问题的关注。环境教育的根本目的是使每个学生发展个人与环境相关的思想与理念，教师可以通过多种方式鼓励和引导，使学生树立对个人与环境负责任的态度和价值观，并做出保护环境的行为。通过在自然中的教育，可以让参与者更加意识到环境保护的重要性，并培养其保护环境的意识。

第三，认识自然、了解自然、尊重自然、顺应自然、保护自然。要让人们热爱和关心自然环境，首先要让他们走进大自然，感受大自然的清新与神奇，了解人类生活的一切都源于自然，人类未来的发展也取决于自然环境的变化。通过自然教育，建立自然与人类之间的桥梁，让人们通过掌握自然知识、欣赏自然美景、感受自然力量，懂得自然环境的重要性，从而形成敬畏和尊重大自然的情感，养成环境友好的行为习惯。

第四，注重人与自然的联结。人与自然的关系对于人类自身的生存和发展有着不可替代的重要意义。中国传统文化的观点是"天人合一"，强调人类是自然的一部分，应该顺应、敬畏自然。人与自然是生命共同体。生态环境没有替代品，用之不觉，失之难存。"天地与我并生，而万物与我为一""天不言而四时行，地不语而百物生"。当人类合理利用、友好保护自然时，自然的回报常常是慷慨的；当人类无序开发、粗暴掠夺自然时，自然的惩罚必然是无情的。人类对大自然的伤害最终会伤及人类自身，这是无法抗拒的规律。

第七节　自然教育与生态文明教育

西方工业文明在为人类提供大量物质产品的过程中，满足了人们对便捷性、多样性和丰富性的要求。人们的出行速度大幅提高、衣橱更加拥挤、餐桌上的美食不断变换、度假的区域更加新奇而遥远，这些现象在新媒体和社交网络的快速传播下，催化并且放大了人们的欲望。同时，其背后消耗的资源和能源、产生的污染都加剧了生态环境的恶化。人类在经历了采集狩猎、刀耕火种的漫长岁月后，乘坐在快速飞行的机舱中，于万米高空俯瞰地球，看到的山川河流、海洋沙漠、雨林高原、沼泽戈壁，正在经历着史无前例的生态危机。气候变化、物种灭绝、对氮元素和磷元素循环系统的破坏、海洋酸化等问题正在考验着人类的生存智慧。即便是人类赖以生存的现代农业也在时时刻刻侵蚀着自然环境，过度使用化肥和农药导致土壤污染、水污染、食品污染，最终严重危害人体的健康，对地球生态系统的破坏在相当大的程度上都是现代文明的"杰作"。工业化大发展在给人类生活带来便利的同时，也加剧了自然环境的恶化。100年前，人们就开始了对生态文明的探索。我国在近40年来，对生态文明的认识实现了跨越式的发展。2012年，党的十八大将生态文明建设与经济建设、政治建设、文化建设、社会建设一起，列入"五位一体"。2022年，党的二十大报告明确指出"中国式现代化是人与自然和谐共生的现代化"，人与自然和谐共生正是生态文明的核心。生态文明作为人与自然和谐共生、良性循环、全面发展、持续繁荣的一种文化伦理形态，是对工业文明的超越。事实证明，生态文明建设是缓解资源环境约束的有效途径，生态文明建设离不开生态文明教育。自然教育为实现人与自然和谐共生提供了一种途径和方法。自然教育作为一种在大自然中体验学习，感受、了解、认识和探索大自然的教育方式，能够为教师、学生提供丰富的天然元素，可以将生态文明教育化虚为实。生态文明教育拓展了自然教育的内涵，提升了自然教育的内在要求。

生态文明建设的途径有很多种，而教育在生态文明建设中具有基础性、先导性和推动性作用，也是生态文明建设的保障。生态文明教育在继承、批判、丰富、发展、拓展环境教育与可持续发展教育的基础上，将教育提升到了改变人类文明发展方式的高度。推进生态文明教育既是解决生态危机的必经之路，也是提升人类社会发展水平和公民生态文明素养的现实选择。生态文明教育不只是给人以技术手段去治理环境问题，更根本的是教人以人文的、伦理的态度对待自然，培养人对待自然的道德责任和道德行为能力，也就是生态认知、生态情感、生态行为的统一。比如在学校开展生态文明教育，不仅要讲垃圾分类的意义，更要让学生参与垃圾分类；不仅要讲植树对保护生态的作用，还要让学生参与植树造林；不仅要讲生物多样性的意义，更要让学生以实际行动参与生物多样性保护。生态文明教育的过程不是单纯的意识形态灌输教育，而是涵盖了知识、意识、素质、态度、技能、情感和实践在内的全方位教育。所有这些都要使学生有机会走进自然，亲近自然，与自然交往。学生只有通过与自然交往，才能产生保护自然的道德情感，形成人与自然生命共同体的生态价值观。人类对自然的漠视是长期与自然脱离造成的，生态文明教育有必要提出一种回归自然的"热土教育"，增强学生与自然的关联，培养学生对自然的归属感和深切的责任感。

美国环境伦理学家罗尔斯顿认为，自然有其内在价值，人类对自然的"大爱"应来自人类在自然中的亲身经验。在工业文明时代，人与自然是"主—客"二元对立的关系，自然作为被人类利用的工具往往被忽视，教育多属于脱离自然的"离土教育"。自然教育汲取了欧美发达国家的理念，植根于中国土壤而发展。在自然教育的实践层面，我们可以看到环境教育、可持续发展教育、生态教育、博物教育、户外教育、保护教育的元素。自然教育的意义在于引导人们认识和尊重自然，增加对大自然的敬畏和认同感，培养环保意识和责任感，减少人类对自然环境的破坏，并保护和发展生态资源。此外，自然教育能够让人们摆脱城市的喧嚣和压力，体验大自然的宁静与美好，促进身心健康。因此，自然教育正是这种"热土教育"，用自然教育去改变当下人与自然割裂的现状，让人们在自然中去观察自然界的一草一木、一虫一鸟，去感受石头、树叶、苔藓、树皮等自然物不同的质感和温度，去聆听春天的鸟叫、夏天的知了、秋天的虫鸣、冬天的北风，真正融于自然之中，切身体验自然，获得对自然的身体感知，领悟自然的内在价值，反思人类与自然的关系，尊重和敬畏自然，从与自然"主—客"二元对立的关系中解放出来。

生态文明教育的基础在于生态知识的普及，重点在于人们情感、态度、价值观的转变。要让公众尤其是青少年由环境保护意识向环境友好意识提升，从以利用自然、征服自然、改造自然为中心的价值观向以尊重自然、顺应自然、保护自然为中心的价值观转变，形成生态友好这一新的伦理理念。公众尤其是青少年走进大自然，可以把感官打开，去体验、观察、探究自然。公众不仅要关注周围的非生物环境，还应关注环境中的树木花草、飞鸟动物等生命，了解生命共同体、生物多样性的价值，认识"生态跟我的关系"。国内外的生态环境教育经验显示，自然教育是治愈"自然缺失症"，让人们重新认识人与自然关系，提高环境意识和生态素养的有效方法，是践行生态文明理念的基础教育。在生态文明教育中融入自然教育，可以说是遵循了生态文明教育的规律，深化了生态文明教育的内容，优化了生态文明教育的路径。

第二章 研学旅行

第一节 研学旅行的概念

研学旅行与游学、修学旅行、教育旅行、营地教育、户外教育、冬夏令营、春秋游等密不可分。游学在春秋战国时期就已存在，是中国古代的一种文化人异地求知的文化活动，如孔子周游列国、唐玄奘西天取经、徐霞客山川考察等，具有自主性强、范围广泛、注重精神陶冶的特点。游学与研学旅行都强调旅游体验，但研学旅行比游学要更加规范和正式，也更突出主题性和教育价值。国外和研学旅行较为接近的是修学旅行和教育旅行，在日本称为修学旅行，在欧美称为教育旅行，虽然两者称谓不同，但内涵基本一致，是学生以集体形式离开居住地进行旅游、观光和学习的旅游活动。两个概念均强调自身的教育目的性和集体组织性，但落脚点在于旅游活动，相比于我国的研学旅行，教育意蕴不足。此外，国外和研学旅行相关的概念还有营地教育和户外教育。营地教育是英、美、俄等发达国家素质教育的重要领域，是在户外以团队生活为形式，并能达到创造性、娱乐性和教育意义的持续体验。户外教育盛行于欧美，是在户外进行的教育。从营地教育的概念可以看出，它包括研学旅行、户外教育等多种体验教育形式。改革开放后，在研学旅行被正式提出之前，和其相关性最大的是冬夏令营和春秋游，冬夏令营是以亲近自然、鼓励探索为基本宗旨的青少年校外活动，组织和管理方一般为校外机构，且多在寒暑假开展。与之相比，研学旅行更注重学校组织和管理的作用，时间安排上也更加灵活。春秋游是在春秋季由学校组织开展的让学生放松身心、增长见识的休闲旅游活动。研学旅行对比春秋游，更强调学而非游，因此教育性更加明确，时间上更加宽泛，形式上更加多样。

从以上对相关概念的分析可以看出，尽管不同时期对研学旅行的表述有所不同，但都凸显了旅游的教育意义，即教育意义是研学旅行的本质特征。旅游是社会教育的重要组成部分，具有德育、智育、体育、美育和环境教育等方面的功能。研学旅行作为个体的学习情境，具有愉悦性、演变性和社会导向等特征。研学旅行作为在此基础上发展起来的教育活动，内涵更加明确，更具教育性、自主性、实践性和集体性。对研学旅行内涵的界定主要涉及旅游学和教育学两个学科。从旅游学看，研学旅行是以研究性学习为目的的专项旅行，是旅游者出于文化求知需要，暂时离开常住地，到异地开展的文化性的旅游活动。这一定义强调研学旅行是一种带有教育意义的旅游活动，本质侧重于旅游，主体是具有学习需求的任何人，可以说是广义上偏重旅行的理解。教育学界普遍采用《关于推进中小学生研学旅行的意见》的表述，认为研学旅行是由教育部门和学校有计划地组织安排，通过集体旅行、集中食宿方式开展的研究性学习和旅行体验相结合的校外教育活动。这一定义强调研学旅行包括研究性学习和旅行体验，主体指向中小学生，由教育部门和学校安排组织，实施方式是集体旅行和集中食宿，本质侧重教育，旅行只是实现教育意义的途径和手段。也就是说，研学旅行不仅是一种旅游产品，更是一种教育形式，是一种以旅游为载体的教育旅游活动，要在旅游体验中实现特定的教育目标。

第二节　研学导师在研学旅行中的关键作用

研学旅行是立足实践、体验与互动相结合的教育活动，是引导学生走向社会的研究性、探究性的学习，其本质是一种校外素质教育活动，即通过旅行游览的认知、体验、感悟过程，获取有益的知识。众所周知，传统教科书是学生在校内学习期间获取知识的重要来源，而研学旅行是获取书本以外的知识，是加强学生素质教育、历史教育、传统文化教育、理想信念教育、爱国主义教育、革命精神教育和乡土情怀教育的有效方式，从而增强学生的品德素养、家国情怀和社会责任。研学旅行的实施过程，是以走出校园、走向户外、面向社会为前提的，虽然研学旅行也需要旅游各要素的支持，但研学旅行与一般意义上的旅游活动有着本质区别，教育性是研学旅行的本质属性。因此，在研学旅行中，研学导师在教育方面就承担着很重要的角色。2016年12月，国家旅游局发布《研学旅行规范》，提出"研学旅行导师"的概念，将其定义为"在研学旅行过程中，具体制定或实施研学旅行方案，指导学生开展研学旅行活动的专业人员"，并提出"应至少为每个研学旅行团队配置一名研学旅行导师"。从其定义中的工作内容，我们可以知道研学导师是研学旅行设计和实施的主导者，属于复合型专业人才，需要具备的最核心的两种能力是研学旅行课程设计能力与研学旅行课程实施能力。设计研学旅行课程需要研学旅行导师熟悉教育教学相关理论及中小学生心理发展特点，了解研学旅行目的地的历史渊源与相关背景资料、安全与风险管控相关知识与技能，同时还要关照学校理念、地方文化与国家要求；实施研学旅行课程除了具备以上能力之外还要具备项目管理能力、安全急救能力与学生管理能力等。另外，由于研学旅行的开展和实施是一个动态发展的过程，对于研学导师而言，不仅需要具有专业的学科素养和广泛的知识领域，在组织、开展、实施研学旅行过程中还要具有一定的控场能力。那么，研学导师在研学旅行开展过程中需要扮演哪些角色呢？

一、指导者角色

研学旅行是在研学导师引领下学生集体进行的课外实践活动，因此，研学导师应在研学旅行过程中成为学生学习和生活的指导者。具体而言，研学导师在研学旅行中所承担的指导性角色包含计划性指导和适时性指导两个方面的内容。其中，计划性指导是指研学导师根据研学旅行的计划安排，结合研学旅行的主题和研究课题，整体上有针对性地对学生开展研学旅行前的辅导，使学生明白研学旅行的主要任务，并做好安全教育，为研学旅行的开展做好充分的准备。关于适时性指导，由于研学旅行学习方式、特点的不同和活动中潜在的不确定性因素，在开展研学过程中，研学导师应给予学生适时性的指导。如在集体生活中，对于一些学生必备的生活经验与常识，研学导师应给予及时的解说和指导。

二、参与者角色

研学旅行的过程是研学导师和学生对话的过程，研学导师主动"蹲下来"参与学生的认知、情感和行为，走进学生的心灵，做学生学习和旅行中的良师益友，研学旅行活动才能发挥良好的效果。首先，研学导师应参与学生的认知活动，了解并把握学生在研学旅行过程中的认知情况，对进一步预见、指导和帮助学生成长具有重要作用。如研学导师在引领学生参与"探寻地质问题""体悟爱国主义文化"等主题活动时，需了解学生对于该问题的认识情况，主动与学生进行交流、探讨，增进学生对于研学主题的真实而深入的认识，而不是停留在走马观花、浅尝辄止的表象认识中。其次，关注学生的情感，及时发现学生的情感变化。在研学旅行的活动中，研学导师应注意观察学生在研学旅行进程中表露的神态、动作，感知学生研学旅行途中的情感，为激发学生研学兴趣、维持研学的动力做好铺垫。最后，以"儿童视角"参与学生的活动。研学旅行不仅需要学生参与其中，而且对研学导师也提出了一定的要求。研学导师作为研学活动的主要参与人，应以学生的角度、站在学生的立场去参与他们的活动，而不是一味地关注自身的旅行体验。研学导师应放下手机，用微笑和积极的态度参与学生的行为活动，关注学生成长中的点滴，实现学生研学旅行认知、情感和行为的和谐发展。

三、监管者角色

学生作为研学旅行的主体，研学导师可以适当放权，给学生更多自由的空间，积极体验研学旅行中的生命成长。研学旅行存在参与者人数较多、研学过程较为复杂以及研学过程中每个学生的心理发展差异较大等因素，极易出现学生安全、心理和纪律问题。鉴于此，研学导师应扮演好监管者的角色，为确保学生的安全体验、健康成长以及研学正常有序地进行保驾护航。一方面，研学导师有必要监管好研学旅行过程中外在和内在的双重安全性问题。第一，研学导师应时刻关注学生研学旅行中外在的安全问题，尽量避免学生出现意外情况，当发生危及学生安全的问题时，研学导师要灵活、迅速地予以解决处理。第二，研学导师应做好安全防御措施，以避免学生因身体伤害而遭受心理上的二次伤害。另一方面，研学导师需监管好研学旅行的纪律问题。对于在研学旅行过程中学生违反纪律等问题，研学导师应履行好作为监管者的角色，了解学生发生违纪行为的动因，及时、恰当地处理学生的违纪行为，使学生尽快回归正常的研学活动中。

四、评判者角色

为提升研学旅行的组织效果，保障并改进实践活动的质量，研学导师还应做好研学旅行的评判者角色。首先，在评判主体，即研学导师个人的评判方面，研学导师需根据研学旅行中自身暴露的不足之处和获得的体验进行反思、总结和归纳，为研学旅行积累理论和实践经验；在评判对象，即学生个体的评判方面，研学导师应以促进学生成长为目的，根据研学旅行中学生个体的行为表现，遵循宽严相济、慈爱相济的原则，对学生进行合理的评判。其次，研学导师应建立一套科学的符合学生身心发展规律的评判标准。研学导师对小学生作出评判时，应以鼓励、肯定为主，时刻注意激发和维持学生参与研学旅行的兴趣和动机。对待身心发展相对成熟的中学生，研学导师需以学生真实的成长为评价基准，对于研学过程中学生呈现出来的各种行为问题，应制定一套清晰而详尽的判定结果和处理办法。特别注意的是，研学导师不能有区别地对待、评判学生，尤其不能情绪化、片面地对待学困生的外在行为表现。最后，研学导师应注意评判原则和评判方式。在评判原则方面，研学导师既要做到评和判相结合，又要遵循评判结果的指导性、教育性和可发展性原则。在评判方式方面，研学导师评判学生在研学过程中的行为表现时，应以口头评判为主，并兼顾文字评判的方式，以免学生因在集体中受到过多的口头批评而产生消极情绪。

从课程设计到课程实施，研学导师能否做好这一系列工作直接决定了能否成功实施研学旅行。由于研学旅行是一个跨行业、跨部门的综合性教育活动，人们对于研学旅行导师的角色定位不明确，其究竟是教育者、监督者、服务者，还是设计者？研学旅行导师应具备的职业能力标准和胜任特征也不清晰，应具体分为哪几个维度，每个维度之下又应该包含哪些知识与能力素养，这些都还没有明确的规定和指引。在当下的研学旅行的发展和实践中，我们可以总结出研学导师应当具备的四种能力素养：研学旅行课程实施能力、安全管控能力、课程设计能力与项目管理能力。在课程实施上，以"研学旅行如何真正落地"为目标，深刻解读研学课程方案及课程模块，熟练掌握研学课程实施全过程，主要包括教学导入、教学引导、教学反馈、教学评价、成果管理等各环节的有效开展；在安全管控上，树立"研学旅行，安全先行"的研学旅行理念与方针，将学生的安全放在首位，掌握风险预测、临场处理、安全应急等能力；在课程设计上，通过踩点考察、需求分析明晰研学旅行课程设计流程和基本要素，能够根据客户需求与现有资源设计科学完整的课程方案，主要包括课程目标、课程安排、内容设计与多元评价等；在项目管理上，能够在有限的资源约束下，运用系统的观点、方法和理论，对研学旅行项目涉及的全部工作进行有效的管理，即从项目的投资决策开始到项目结束的全过程进行计划、组织、指挥、协调、控制和评价，以实现研学旅行项目的相关目标。

第三节　研学旅行的特点

一、针对性

在广义上，研学旅行是以研究性、探究性学习为目的的专项旅行，是旅游者出于文化求知的需要开展的旅游活动；狭义上特指由学校组织、学生参与的，以学习知识、了解社会、培养人格为主要目的的校外考察活动。教育部出台的相关文件将研学旅行界定为：研学旅行是面向全体中小学生，由学校有计划地组织安排，通过集体旅行、集中食宿方式开展的研究学习和旅行体验相结合的校外教育活动。通过对比旅游研究在广义和狭义上对研学旅行的界定，在广义定义中研学旅行是针对有文化求知需要的旅游者，狭义定义中主要针对的是学生，在教育部出台的相关文件对研学旅行的界定中比狭义定义更细分研学旅行的参与群体，即中小学生。尽管现在的旅游研究中有不少研究涉及更多的群体，如儿童、大学生、银发人群等，逐渐出现全龄域研学的提法，但是研学旅行的开展都需要根据不同年龄段人群身心发展的不同阶段进行相应的研学内容设计。因此，研学旅行具有针对性。

二、教育性

研学旅行中的"研学"是核心，"旅行"是实现"研学"的路径和方法，从中我们就可以看出研学旅行其实是"行走的课堂"，肩负推进"立德树人"的国家战略任务，在提升学生核心素养，增强学生本土文化自信、地方认同感和家国情怀方面发挥着越来越重要的作用。因此，研学旅行具有教育性。研学旅行作为新时代实践育人的新形式，把教育性放到重要的位置上，在遵循教育规律和人的成长发展规律的基础上，高度重视校内外相结合的育人模式，把知识学习与实践体验有机结合，有效地将知与行统一起来，确立一个完整的研学旅行任务目标，从价值体验开始，让学生经历团队协作、规律掌握、问题解决、反思改进等学习全过程，使学生在研学旅行中实现身心健康和谐发展，增强实践动手能力和积累生活经验。研学旅行是一门综合而多元的教育实践课程，从人的全面发展的角度来看，研学旅行体现了培养学生知识、能力和素质的育人导向，主要从三个方面体现人的全面发展：一是从以人为本方面，要清楚地认识到学生作为学习的主体，充分发挥学生的学习积极主动性，在尊重教育规律的基础上，使教育以恢复知觉为知识来源，创造一个真实性的研学旅行教育形式，让学生在研学旅行中发展情感、获得真知、形成正确的人生观和价值观；二是从能力提升方面，学生在研学旅行中常常面对的是开放性问题，一般情况下没有确定的唯一的解决方式，需要进一步去发现解决问题的思路与方法，通过个人或与团队合作去探索、去发掘、去创新，在不断的尝试中解决问题；三是从协同创新方面，研学旅行可以使学生在与客观世界的接触中获得与他人、社会和大自然的近距离接触的机会，逐步增强其对多元协同关系的整体认识，融会贯通地思考理解事物之间的相互关系，激发学生对美好生活的向往与追求，培养德智体美劳全面发展的人。

三、实践性

研学旅行是基于自然生态资源、传统文化资源和红色教育资源开展的一种教育形式，给学生创造游览祖国大好河山、体验中华优秀传统文化、了解悠久辉煌历史、感受伟大祖国发展成就的机会。要改变传统的说教式教育，摆脱课堂教学的束缚，给学生创造更多体验式学习的机会，通过生活体验、学习体验、实践体验、文化熏陶等多种形式，充分运用启发式、浸润式学习方式，使学生切身感受事物的发展变化，让学生融入现实当中，用心感知与体会，让学生更深刻地认识我们所在的客观世界，理解实践的价值意义，将研学旅行哲学范畴的社会主义核心价值观更清晰地植入学生心中，通过实践来内化于心，外化于行。因此，研学旅行具有"行—知—行"的实践范式，所谓的"行—知—行"，就是指研学旅行的逻辑起点是始于"行"，再上升到认知层面，最终又要回到"行"，始于实践，终于实践，也就是从"行"中来，到"行"中去，在实践当中发现问题，到实践当中证明已解决了问题，并获得相应的成果与能力，具有很强的实践性。研学旅行作为一项重要的综合实践活动课程，是融合书本理论知识与现实生产生活、践行"知行合一"教育理念的有效途径，也是学校实现立德树人目标的重要载体和发展学生核心素养的关键路径。

四、全域性与选择性

有学者认为，"旅游是一项综合性学习活动，它的场所是整个世界"。研学旅行以求知修身为目的，而不以审美娱乐为目的，全域性表现得更为突出；凡是有助于研究学习、增长知识的都可成为研学旅行的对象，不局限于一地，更不局限于景区、景点或者风景名胜。同时，培根认为，只有"值得纪念的事物"才是应该去参观的，无益身心事莫为，研学旅行也应具有选择性，也不是什么都可以去学。如西方哲学家、思想家与科学家培根（1561—1626 年）特别强调要避免攀比与争斗，而这些在当时的贵族子弟中甚为流行。培根生活在"大游学"时代，差不多与中国明代旅行家徐霞客（1586—1641 年）生活在相近的年代。他少年时期曾旅居法国，时代背景与个人经历对培根旅游观的形成产生了重要影响。

第四节 研学旅行课程设计思路

一、基于"具身认知"的"6+5+N+3"模式

具身认知（embodied cognition）理论兴起于 20 世纪 80 年代，是心理学中一个新兴研究领域。其指出"身体在认知过程中发挥着关键作用，认知是通过身体的体验及其活动方式而形成的""人的认知并非孤立、封闭、静止的心智活动，而是嵌入环境和身体的一种动态、持续、综合的知识意义建构过程"，强调了身体与心智作为统一整体与世界的相互作用。具身认知理论强调通过身体的参与和实际体验来构建知识，而研学旅行正是通过实地探索、亲身体验和互动来促进学生的学习。研学旅行是以"研"为特征、"学"为目标、"旅"为载体、"体验"为核心的一种研究性学习与旅行体验相结合的校外教育形式，强调让学生走出校园、走进社会与自然，以课堂外的自然与社会为认知对象，将学生的身体活动空间从学校内部的静态环境拓展到学校外部的动态空间，让学生在身心合一、身临其境的体验过程中，研有所思、学有所获、旅有所感、行有所成，进而提升学生的创新精神、实践能力和社会责任感。因此，研学旅行可被视为具身认知理论在教育领域内的实践与应用，这是一种实践性的学习方式，强调学生要与真实世界进行互动，通过观察、感受与体验来丰富学习的过程，最终达到提升学生认知水平和综合素养的目的。

研学旅行课程搭建的"具身认知"实践可采用"6+5+N+3"模式：

（1）以认知为导向，组建"六位一体"研学旅行课程开发团队。研学旅行是在具身实践中获得真知，在自然环境和社会空间中体验感悟，最终实现学生的知识转化和情感升华。因此，研学旅行课程建设应以认知为导向，组建以学校、家长、学生、研学基（营）地（景区或其他研学目的地）、学科专家、研学机构（旅行社）"六位一体"的拥有"具身认知"观念的多元主体开发团队。其中学校是研学旅行课程实施的主体，也是研学课程体系构建的核心，应从总体上负责联络协调，引导六大开发主体各取所长、各负其责、共同参与，根据学情学段、区域资源、学校实际设计出以学生为主体，与学科相衔接，与学校教育理念相契合，层次性、针对性、综合性、探究性、趣味性、实践性兼备的研学旅行课程体系，推动教与学的不断创新，实现学生认知的提升。

（2）以具身为特征，构建"5"大研学旅行课程体系。研学旅行课程建设的关键是课程体系的确立，而确立课程体系的关键是选择可以激发学生身体展开和感官体验的具身环境。具身环境由物理环境、社会文化环境、资源支持环境和心理环境四部分组成。学校要立足区域特色，选择能让学生具身实践，体现知识性、互动性、体验性、趣味性的研学环境，挖掘环境中与学生知识经验契合的课程资源，分类整

理后确定研学课程的类别体系。具体可根据《研学旅行服务规范》（LB/T 054—2016）中研学旅行产品的分类方法，将研学课程体系分为人文历史类、知识科普类、自然考察类、励志拓展类与劳动实践类五类课程，具体如图2-1所示，根据不同类别的研学教育资源提炼不同的研学课程主题，采用多种多样的具身实践方式让学生的认知在心智、身体和动态环境的耦合互动中自然生成。

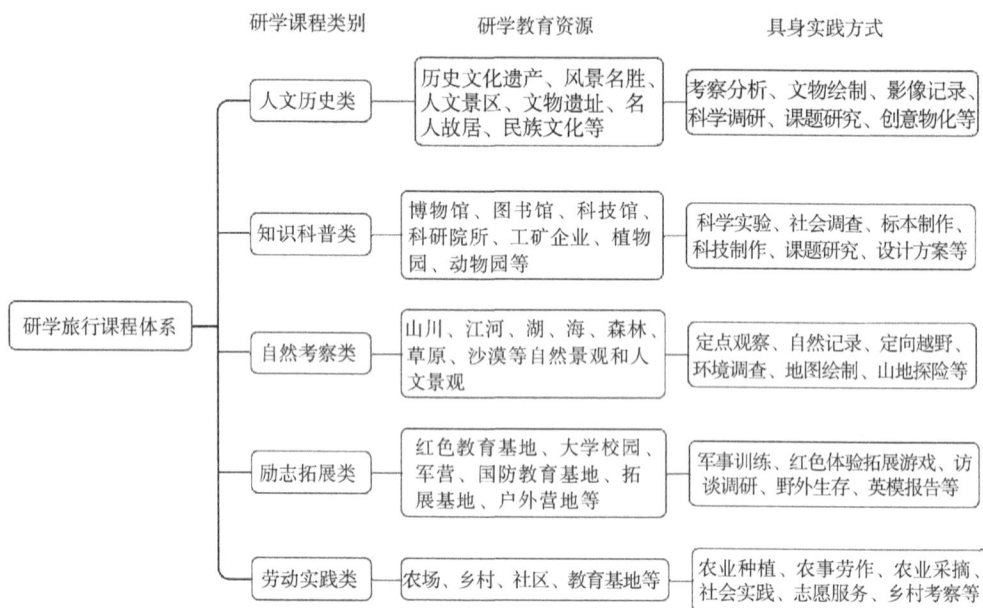

图2-1　研学旅行课程类别及具身实践方式（参考：黄娟）

（3）具体分类及具身实践方式以情境为载体，策划"N"主题项目式研学活动。研学旅行课程最为突出的特色就是"游中学""学中做""做中思"，是一种情境学习下的具身认知与经验性学习，因此，研学旅行课程的实施应当在情境化"主题项目式"的研学活动方面下功夫。具体来说，就是根据研学目的地的资源特色，提炼研学主题并设计"N"主题项目式情境化体验探究研学活动。首先，研学导师要提前对学生进行调研，了解学生的学情、兴趣、需求、期待，结合该学段学生的身心特点、学习能力、实际需要设计问题清单；其次，根据问题制订研学计划和任务清单，引导学生在研学旅行的动态情境中探究实践；再次，通过小组讨论、团队合作、实验调查等方式寻找解决方案；最后，进行研学分享交流和结果反馈评价。

（4）以生成为目标，编创"3"种手册，实施多元评价。研学旅行课程评价不仅要关注学生学习效果的结果性评价，更要关注激发学生认知提升的各种环境和学生具身参与的过程性评价，构建起多元评价体系。我们可以通过编创"3"种手册对研学旅行进行整体评估，分别是针对学生研学旅行的研学课程学习手册、针对研学导师工作手册、针对研学接待机构工作人员的研学项目执行手册。

首先是研学课程学习手册。这是学生研学旅行的指导书和记录册，主要内容包括课程引言、研学主题、研学目标、研学行程、任务要求、研学纪律、物资清单、通讯录等，体现主题项目式研学活动，帮助学生全面了解研学旅行的任务要求、意义价值。可适当留白，记录学生的学习过程和研究成果，为研学旅行过程性评价奠定基础。在研学手册后面可设置研学大事记、最美研学瞬间、研学成果记录、我的研学感悟等板块；可根据研学任务设置研学评价表，采用学生自评、小组评价、教师评价等多种方式，对学生研学成果进行评价。

其次是研学导师工作手册。这是研学导师在研学课程实施过程中的指导用书，与研学旅行课程手册相配套，主要内容包括课程背景知识、教学方式建议、课程实施步骤、课程反思评价等，旨在规范研学导师的教学行为，提升研学课程实施效果。在工作手册后面可设置研学基地评价、研学行程评价、研学课程评价、研学机构评价等内容，从教师的角度对研学旅行实施的全过程进行评价。

最后是研学项目执行手册。这是研学接待机构工作人员的必备手册，主要内容包括研学通讯录、学生基本信息、分房分组乘车信息、保险购买情况、研学活动的具体实施过程和注意事项、研学目的地联系方式、安全预案等，旨在让工作人员掌握研学旅行课程实施细节，规范研学过程管理，确保学生安全和研学效果。在执行手册后面可设置研学基地评价、研学课程评价、研学机构自评等内容，从研学接待机构角度对研学行程、课程、接待实施效果进行评价。

二、基于"情境感知"的研学旅行设计

传统情境一般具有五个要素，分别为主体（who）、客体（what）、地点（where）、时间（when）和价值（why）。教育学强调"情"的地位，关注学生的情感融入，即情境是个体获得知识、情感升华的场景。感知是指外界情境作用于人类感官时，大脑对外界情境信息的获取、理解、筛选和组织过程。由此得出，情境感知是大脑具身认知环境的方式。情境感知理论强调情境在感知中的作用，它认为情境是一切感知活动的基础，感知过程也是在情境中发生，人的感知离不开情境，即人在情境中。按照情境的生命周期，情境感知过程可以分为"情境获取→情境建模→情境推理→情境分配"。从主客体、时空维度和功能来看，情境感知与研学旅行具有极高的契合度，为实现两者的深度融合并发挥最大效用提供了可能：首先，情境感知依托学生的主观感受作用于客观情境。同样，研学旅行是学生在旅游和学习的综合情境中，生成独特感受和获取基于情境的实践知识的过程。其次，丰富有趣的情境增强了学生学习的主动性，并加深了其对知识的理解与深化。研学旅行亦是如此，在增长学生见识、培养其核心素养方面发挥重要作用。情境感知和研学旅行弥合了人与环境二元分裂的学习困境，在此基础上可将情境分为物理情境、社会情境、历史文化情境与价值观情境四类。综上可得，情境感知视域下的研学旅行是

学生在旅行期间通过知觉、判断和思考等心理活动对旅行环境进行认知，表现出身体、环境、活动三者间的协同。

乔家大院坐落于山西省晋中市祁县，是以人文主义旅游资源为特色的全国中小学生研学实践教育基地。接下来以乔家大院民俗博物馆研学基地为例，来阐述在"情境感知"视域下的研学旅行课程设计思路。

先根据乔家大院的现实情况对研学旅行情境的类型进行分析。乔家大院研学旅行情境类型主要包括如下四个方面：

（1）物理情境：通过了解乔家大院区位可研究黄土高原环境；乔家大院整体"囍"字形布局、封闭式的城堡式建筑，可作为历史事件的见证，是地域文化与建筑风格相匹配的有力证明。

（2）社会情境：乔家大院作为民俗博物馆展示晋商商规、民宅花园和富贾家财等内容，学生可以通过游览和解说，了解该地区人们的生活习俗。

（3）历史文化情境：乔家大院从清朝建成发展到现在，见证了时代沧桑；乔家大院记载着晋商翘楚乔家白手起家并登顶财富之巅，且长盛不衰的奥秘；清朝期间陆地茶叶之路兴起，祁县位于"万里茶道"的中间枢纽地带，乔家因此也参与其中，于是便有了在长途贩运贸易的商队中晋商乔家与"万里茶道"的历史。

（4）价值观情境：乔家发家始祖乔贵发出身贫寒，发迹后仍不忘本心，非常重视对子女的教育，鼓励后代要正直醇厚；乔家崇尚"尊信守义"，以诚信为本，造福天下，惠及百姓，晋商精神值得深思；犀牛望月镜、万人球、九龙屏风3件珍宝映射着清政府风雨飘摇时乔家慷慨解囊的爱国主义情怀。

通过对乔家大院情境分析，明确乔家大院研学课程以"立德树人、以文化人"为宗旨，将"感乡情，知民情风俗，晓乔家历史""悟晋商素养，体万里茶道之磅礴""明国情，知国家兴亡匹夫有责"等分年级阶段作为学生研学旅行的学习目标，比如小学旨在了解晋商乔家的发迹史，并由此延伸到了解晋中一带民情风俗和乔家民宅建筑美学；初中拓展到晋商商道，对晋商"万里茶道"地理和历史进行探究；高中拓展到以乔家为代表的晋商群体与国家荣辱与共的探究。然后以情境感知为理论基础，以主题研究为主要学习方式，以四类情境为载体，进行研学旅行课程内容的设计，如图2-2所示。

三、基于"四层一体"的乡土地理主题研学设计

"四层一体"理论基于人地关系地域系统思想，强调人类社会与区域地理环境作为一个整体系统。"四层一体"理论对人地关系的分析框架进行"人的圈层和自然圈层"二元划分。人的圈层由社会、政治、经济、文化、科技、艺术、习俗等人文要素组成，具体可分为生计层、组织层、文化层；自然圈层包括岩石圈、水圈、生物圈以及大气圈，主要由岩石、土壤、大气、水文、生物、气候、地貌等自然要

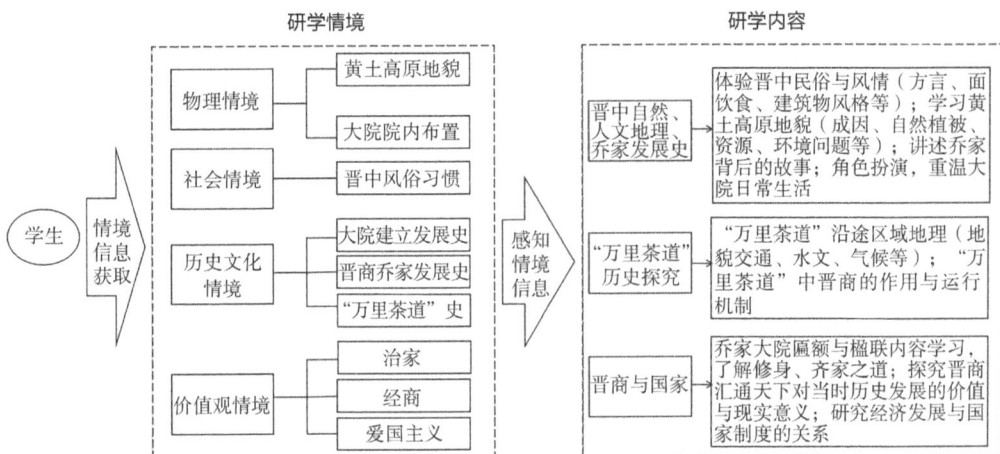

图 2-2 基于"情境感知"的乔家大院研学旅行课程设计（参考：董艳等）

素组成，剖析自然圈层和人的圈层之间的相互关系是该理论的核心要点。自然层为人类的生存和发展提供空间和资源，生计层提供满足人类生存和生活需要的物质产品，文化层指的是人类在改造自然和创造社会过程中的思维活动和精神活动，制度层指的是个人与他人、个人与群体之间的社会关系。人地关系地域系统的生计层受自然层影响，生计层决定组织层，组织层影响文化层，构成了一个各层之间既相互影响，又相互制约的体系。由此可见，"四层一体"强调区域的整体性和各要素之间的关联性，为开展乡土地理研学旅行活动提供了新的视角。在乡土地理资源下，设计乡土地理研学课程时，我们可以以"四层一体"理论为指导，从自然层、生计层、制度层和文化层四个层面切入，深入挖掘当地的乡土地理研学资源进行研学旅行课程设计。为了让读者更好地理解如何运用"四层一体"进行乡土地理主题的研学设计，我们以刘定慧等人运用"四层一体"理论对湖北省黄石市上冯村的研学课程设计为案例，针对上冯村的整体研学旅行内容设计思路如图 2-3 所示。

在自然层上，三面环山，地形隐蔽。上冯村坐落于湖北省黄石市幕阜山余脉鹿耳山脚下，南面和西面分别是大箕山和龙角山，山体岩石主要为石灰岩，植被覆盖率达 95%以上，地形以丘陵为主。特殊的地形为冯村 600 多年的繁衍发展提供了天然的保护屏障。这三座山海拔只有两三百米，群山层峦叠翠，山间泉水潺潺、鸟语花香，生态环境十分优良；溪边小桥流水人家，杨柳依依，风景如画，宛若世外桃源。这里属于亚热带季风气候，光热充足，四季分明。上冯村全年平均降雨量在 1300 毫米左右，雨量充沛，灌溉方便，为农业发展奠定了良好的基础。

在生计层上，呈现垂直农业与独特的鄂东南民居建筑两大特色。上冯村居民充分利用当地的自然地理环境发展垂直农业，在山上种植油茶、柑橘、竹子等经济林木，在山下地形平坦的地方开垦耕地，种植水稻、小麦。由于山地多、平地少，粮食以自给自足为主，上冯村的经济发展缓慢。上冯村傍山临溪就势而建，沿等高线

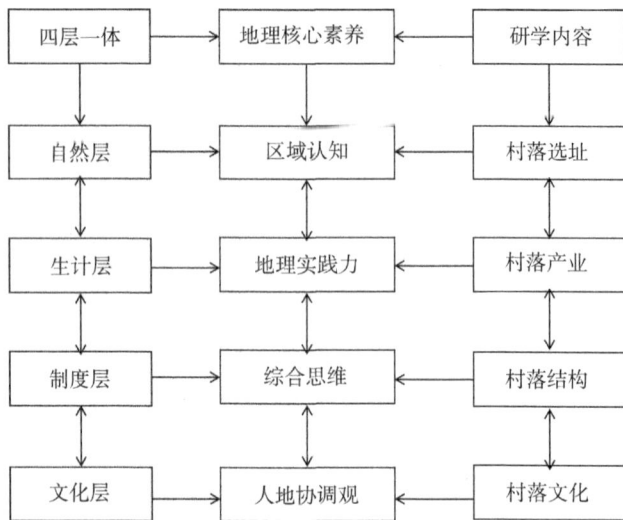

图 2-3　湖北省黄石市上冯村研学内容设计思路（参考：刘定惠等）

布局，错落有致。村内古民居规模宏大，结构总体保存完好。上冯村古民居有徽式马头墙，"门里缩"门楼，四方一样高的墙斗，黑白分明的屋檐画，"四水归堂"的天井，内大外小的刀条形窗口，有能防盗贼的厚重木门及方便猫狗出入的猫狗道，属于典型的鄂东南民居建筑。除此之外，上冯村民居建筑风格在湖北地区十分罕见，极具开发利用价值。

在制度层上，受宗族社会的影响。元朝末年，社会动荡，硝烟四起。为了躲避战争，上冯村祖先冯公惠五举族由江西迁移至此，建立起了以血缘关系为基础的宗族社会。上冯村全村以冯姓为主，在村落中心位置建有冯氏宗祠，里面供奉上冯村历代祖先牌位。和一般民居相比，宗祠体型高大，外观庄严，装饰精美，十分醒目。上冯村普通民居以宗祠为中心进行布局。由于地形的限制，整个村落平面呈扇形。宗祠在历史上曾是整个村落的管理中心，族长召集村民在此议事。直到今天，上冯村居民委员会办公室还设在宗祠内，负责村中的管理事务。此外，宗祠还是村落的娱乐中心，内设戏台。宗祠前的大型广场和月沼是村落的活动中心。在宗族社会的影响下，这里的民居布局紧凑，邻里和睦，民风淳朴。

在文化层上，具有包容性、过渡性和融合性特征。上冯村位于鄂东南地区，属于吴头楚尾及三省交界之地。这个特殊的地理位置，使它在文化上表现出明显的过渡性和融合性特征。例如，村民讲的大冶话属于鄂东南方言，在湖北省内被称为最难懂的方言之一。鄂东南方言在我国七大方言中被列为过渡性方言——湘鄂赣方言，是几种方言相互融合的产物。上冯村历史悠久，传统民居保存完好，这里的民居既有徽派民居的马头墙，又有江西民居的水形和土形天井。其建筑特点具有鲜明的地域性，体现了文化上的包容性、空间上的过渡性和对当地气候的适应性。上冯村独特的过渡文化被完好地保存下来，成为乡村旅游开发的重要资源。

综合以上，湖北省黄石市上冯村的研学课程设计内容如下：

1. 自然层

特点：三面环山，地形隐蔽。

研学地点选择：村落周边制高点（观景亭/台）；岩石出露点（绕山公路两侧）。

研学主题：解密选址密码，领略古村魅力。

研学目标：通过实地调查，了解上冯村三面环山的隐蔽地形，理解古人充分利用自然环境建设家园、规避危险的生存智慧。

研学内容：①通过实地考察，结合航拍图片，分析当地的地形地貌特点；②从自然地理角度分析古人选择在此地建立村落的原因，以及在此布局的优势和劣势；③用稀盐酸识别石灰岩。

基于"四层一体"人地关系地域系统思想的启发思考：村落选址与自然环境的关系，体会自然层为人类的生存和发展提供空间和资源。

2. 生计层

特点：垂直农业，独特的鄂东南民居建筑。

研学地点选择：农田分布地（入口）；森林（绕山公路两侧、栈道）；游客接待中心。

研学主题：调查乡村经济，见证产业变迁。

研学目标：通过调查和访谈，了解上冯村的产业结构及其转变，理解在人地关系中，人类是如何适应自然、利用自然，作出生计方式选择的。

研学内容：①通过实地调查，结合航拍图片，了解上冯村产业分布特点；②利用软件识别当地常见的乡土树种，分析当地的植被类型及其经济价值；③结合地形特点，分析当地发展农业的优势和劣势；④通过访谈，了解当地乡村旅游的年收入和游客数量。

基于"四层一体"人地关系地域系统思想的启发思考：在人地关系中，自然层为生计层提供物质基础，生计层则是人类充分利用自然的结果。

3. 制度层

特点：受宗族社会的影响。

研学地点选择：村落内部；古民居。

研学主题：畅游百年古村，体验乡土情怀。

研学目标：了解宗族文化影响下的传统村落内部空间结构特点。通过分析村落内部空间形成的自然和社会因素，培养综合思维能力。

研学内容：①参观宗祠，分析宗祠的布局特点和功能；②比较宗祠与民居建筑在外观上的区别；③分析上冯村内部空间结构特点及其成因。

基于"四层一体"人地关系地域系统思想的启发思考：自然层影响村落的选址和空间形态。宗族社会制度影响下则形成以宗祠为核心的内部空间结构。

4. 文化层

特点：包容性、过渡性和融合性。

研学地点选择：村落内部；古民居。

研学主题：弘扬地域文化，助力乡村振兴。

研学目标：通过对地方文化的了解，分析地域文化形成的地理因素，体会一方水土养一方人的人地协调观。思考如何发挥区域文化优势，实现乡村振兴，培养家国情怀和社会责任感。

研学内容：①对居民进行访谈，了解当地方语言特点及其形成的地理原因；②参观古民居，了解当地建筑的特点及其对环境的适应；③找出上冯村的"九古"，分析其利用价值；④分析上冯村旅游开发的优势和劣势。

基于"四层一体"人地关系地域系统思想的启发思考：独特的自然层为村落的形成提供天然屏障和维持生计的物质馈赠。宗族制度影响下形成独特的乡村空间结构和社会组织。"四层一体"构成独特的乡村景观，以文化软实力助力乡村振兴。

四、基于"PBL 项目式"的研学旅行设计

项目式学习（project-based learning，PBL），是一种基于建构主义学习、情境学习等理论的学习模式，其理论根源可追溯至杜威的"从做中学"。建构主义学习观指出，学习者是在原有知识、经验基础上认识和加工新信息，从而获得学习意义。PBL 具有真实情境、学科融合、合作探究、作品导向等标志性特征，旨在帮助学生在项目开展中完成知识建构，养成探究意识。因此，PBL 强调以学生为中心，倡导学生在真实情境下通过自主学习与合作探究完成某一核心项目，实现自我提升。PBL 的实施包括项目驱动、项目解构、项目探究、作品制作、成果展示和评价等步骤。在以项目式为主导的研学旅行，可将其分为行前、行中与行后三个阶段进行设计。行前阶段是整个研学活动的准备阶段，在这一阶段，主要包括研学主题的选择、研学目标的预设、驱动问题的提出、研学活动计划的制订、评价量规的设计以及入项活动六个方面，前五个方面是由教师制订的，入项活动由教师组织，学生通过一系列的活动分组并了解研学活动开展的前置事项，为研学项目的实地开展做准备。在行中阶段，学生小组合作探究，通过准备阶段制订的研学计划开展活动，逐步制作项目成果。最后，在行后阶段，举办出项活动，学生在出项活动中展示成果、表达对本次研学的理解与收获，最后依据第一阶段的评价量规进行评价与反思，如图 2-4 所示。

1. 行前准备阶段

首先，确立研学主题。研学主题是整个研学旅行所要表达的中心思想，是研学

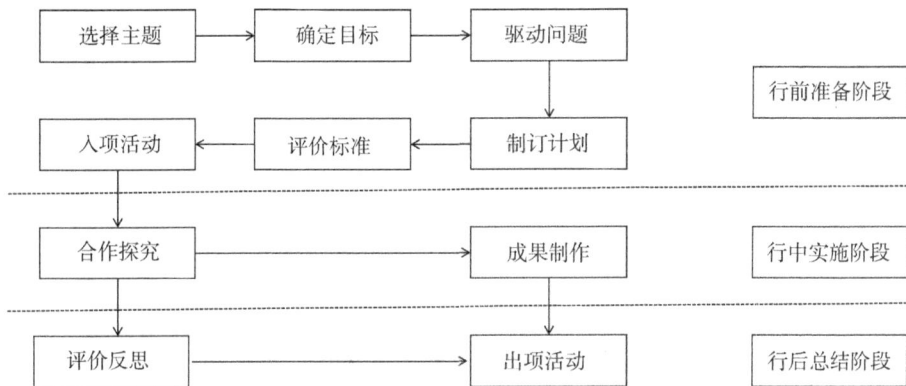

图 2-4　基于"PBL 项目式"研学旅行课程设计流程（参考：蒋佳岑）

课程设计的灵魂与统率。研学主题所整合的是整个研学活动核心内容的思想结晶，而不是全部内容，所以在确定研学主题的时候要抓住最核心的内容，不用面面俱到。研学旅行被称为"行走的课堂"，学生参与研学就自然而然地贴近生活、接触自然，再加上地理学科的特点，研学旅行是一次体验式的学习，学生在研学旅行中运用知识解决问题，故而研学主题的确定可以关注学生的日常生活。

其次，确定研学目标。研学目标是研学旅行的出发点与归宿，是对学生在研学后所能达到的要求。研学目标可以从研学工作目标、研学课程目标、研学项目目标、研学子项目目标四个层次进行思考。研学工作目标就类似于教育目的，是对研学工作的开展具有指导意义的、高度概括的目标，如培养学生价值认同、实践内化、身心健康、责任担当能力等。研学课程目标可以根据学生的不同学段和身心发展阶段进行确定。不同年龄阶段的学生，处在不同的身心发展阶段，思维的特点不同，所要达成的目标程度也不同。比如小学主要是以感受、了解、知道为主，初中则是了解、认知、理解、解决问题、形成意识与能力，高中则是理解、接受并践行、解决现实问题等。研学项目目标是整个研学行程中每一个研学活动项目所要传递的信息。研学子目标则是研学活动项目下的子项目中更为具体的活动目标。

再次，要明确核心驱动问题。用什么问题驱动学生主动积极思考？在项目式学习中，项目驱动性问题是驱动学生对项目感兴趣、主动参与项目的重要环节。驱动性问题是学生进行研学旅行的动力基础。它应该具备两个特性：趣味性与挑战性。首先，有趣的问题会引起学生的主动思考。在研学旅行中，学生的主动性如何激发？有趣的问题可以提供学生的内驱力，驱动学生主动思考。其次，问题的挑战性会引发学生持续的思考。调动起学生的兴趣只是第一步，如果这个问题很容易或很难，学生在短暂燃起热情后就会丧失热情，而具备一定难度的、有挑战性的问题会持续引发学生的激情，并引导学生思考如何解决问题，在此过程中分析交流、合作探究，最后解决问题、制作成果。

第四，制订研学旅行计划。当思考清楚研学项目的主题、目标、驱动性问题后，其实对整个研学旅行行程已经有了大概的想法和框架，接下来就该逐步细化了，也就是要计划通过哪些活动来完成驱动性问题，达成研学目标。计划的制订包含以下几方面内容：一是，选择研学资源，确定研学线路。在已经筛选好的区域地理研学资源的基础上，对资源进一步筛选，以研学的主题与目标为基础，选择研学点，并列出每个研学点适合开展的研学活动、对目标达成及解决驱动性问题的作用。最后，先考虑研学点开展活动之间的逻辑关系，再根据研学的时间安排、交通等因素，将最终确定好的研学点连接成线，确定研学线路。二是，确定研学成果，设计子项目。在研学资源选择时，教师可能已经对每个研学点可能开展的活动有了一定的想法，再根据研学项目的驱动问题、研学目标将整个研学项目依照研学点分解为子项目，并设计每个子项目的目标、任务，并将任务具体化，设计研学活动。三是，制定研学项目日程表，设计研学手册。在编制日程表的时候，既要详尽，又要灵活。详尽是指日程表能够让学生清晰地知道今天都要做哪些内容，并为此进行准备。日程表上要标明每天的目标、任务以及与之相对应的时间安排，还可以给学生留出空白，让学生自己计划每天成果制作应达到哪个阶段，或是写上今天与团队成员要完成哪些重要事项。但是详尽不意味着要把时间塞满，教师在计划日程的时候要注意灵活安排时间，不仅要有集体讲解的时间，还要有团队活动的时间，更要有学生个人活动的时间。在时间表中也要为可能出现的突发情况留出一席之地。

在研学旅行实施前，我们还应当设定好评价标准，从而达到"目标—成果—实施—评价"的一致性。需要注意的是，评价不是只在这一环节考虑，而是要指向研学目标，贯穿研学旅行全程的。在确定最初目标时，就要开始思考最终的评价；在进行驱动性问题及成果设计时，成果的评价规则也要一并设计；在分解项目、制订计划时，每一个子项目的目标是什么、如何评价也是需要思考的。而且，评价并不只有指向学生的评价，学生也可以对教师进行评价，还可以对整个研学项目的设计进行评价，这些都可以在研学手册中设计相应的版面，以便教师听取学生的意见。

最后，对入项活动内容进行思考和设计。入项活动是通过一系列的活动让学生投入研学项目中，是研学行前准备阶段与行中实施阶段的过渡环节。这有些类似于一堂课的课前导入，但要比课前几分钟的导入要更持续，让学生产生更深刻的感受。入项活动要新颖、引发学生认知上的冲突，让学生的思维受到冲击，真正产生想解决这个问题的意识。在此期间，研学导师需要对学生进行安全教育，并且让学生在研学手册对应的板块记录一些紧急事件的处理方法。除此之外，教师也要讲解如何使用研学手册。研学手册是教师与学生管理活动的重要工具，教师要清楚每一个板块的作用，以便在研学活动开展时顺利使用。此外，还需要制定研学团队公约，俗话说"没有规矩，不成方圆"。研学旅行团队的公约有助于形成师生互相尊重、包容、思维活跃、公平的研学团队氛围。

2. 行中实施阶段

学生在研学旅行活动中，项目式的学习核心是合作探究，也就是要引导学生围绕着驱动问题共同思考交流如何解决问题，从而通过问题的解决促进学生成长。合作探究不仅是生生交流，也是师生之间的交流互动，学生的探究是在研学导师支持下的探究。需要注意的是，合作探究不等于小组成员之间将问题分工，每个人各做各的内容，而是在此基础上，成员间表达观点、探讨不同的观点、互相激发、产生深度对话。好的合作交流可以增进学生的沟通、表达、协作、分析解决问题的能力。此外，在研学项目活动实施过程中，为了监控项目进程，便于组内成员、其他组、研学导师了解该组每个人的进展，并及时反馈，应学会使用一定的项目管理技巧。教师可以在设计研学手册时增加对应的小组日志模块，通过合理的小组管理，提高小组效率。

项目式研学需要产生可公开的成果，并通过学生制作成果的过程与成果本身看到学生的思维成长。在行前准备阶段，学生已经清楚为了回答驱动性问题需要制作的成果最终是什么，也清楚了团队的成果与个人的成果。个人成果最好是团队成果的组成部分，需要注意的是，在研学各子项目活动期间，可能会产生一个个子项目成果，这些成果有些可以作为最终成果的组成部分，有些则不能，但是都需要进行保存，作为最终评价的依据之一。

3. 行后总结阶段

有入项活动，就有出项活动。出项是指将项目式研学旅行的成果以某种令人印象深刻的方式展示出来，是一个综合展示学生成长的仪式。出项活动的形式可以有很多，但要尽可能新颖，让学生印象深刻。可以是常规的、类似于小组汇报的展示，也可以利用学校的场地进行展览、画廊漫步、主题秀等。需要注意的是，出项活动不是"走个过场"，也不是展示成果有多精美，其最为核心的依旧是促进学生的学习，是学生研学成果的集中体现。学生通过在公众面前展示研学成果，与公众互相交流，收获赞美与建议，感受到仪式感、满足感、成就感。

在出项活动结束后，要对整个研学进行评价与反思。根据评价的标准，学生可以按照评价表上的要求开始进行自评、互评。研学导师在研学活动结束后应将学生的研学手册、阶段性成果、最终成果等一系列过程材料汇总，按照评价量规的要求对学生进行评价。最后汇总学生与教师的评价作为最终的评价。评价不是目的，评价是为了让学生清晰地看到自己的成长与不足，所以，评价后的反思环节不可缺少。学生在自评和他评结束后，可以按照研学手册中的指引对研学导师进行评价，以及写下对本次研学旅行设计的亮点与不足，希望下次哪里进行改进等。

研学导师在拿到学生的反馈后，针对学生的反馈与自身的感受对整个研学旅行设计进行复盘。研学导师可以从研学旅行设计总体思路、学生的参与度、研学旅行实施、学生的学习成果等方面对本次研学旅行进行复盘与反思。在研学旅行整体思路方面，研学导师可以思考：设计的环节是否合理？有哪些需要调整？下次怎么做会更好？在学生学习成果方面，研学导师要思考整个研学目标、驱动问题、成果之间是否指向一致？学生在多大程度上达成了目标？研学导师在研学旅行结束后的整体复盘有助于教师吸取经验，更好地改进研学设计，促进研学导师与学生共同成长。

第五节　研学旅行的目标

"读万卷书，行万里路"，是获取知识，增长见识，以实践印证书本知识，实现"学以致用""学以成人"最终学习目标的重要路径。读万卷书是心灵旅行，而行万里路是身体阅读。研学旅行将教育环境从学校、培训机构转换到非日常环境，通过短期异地的跨文化交流活动，培养儿童和青少年的认知与探索能力，学习风土人情和文化知识，促进体格和智力发育。儿童和青少年学习依赖社会结构与互动，而旅游中的人地互动、主客互动能进一步增强未成年人的社会交往能力，是个体实现社会化的过程及表征。为避免出现"游而不学"和"只学不游"的情况，实现"立德树人"的国家战略任务和开展生态文明教育，研学旅行将以下五个方面作为其目标：

一、释放天性潜质

天性是人先天具有的固有属性，是人生命的本始状态。天性具有开放、灵活、自由等特征。爱玩、爱探究、爱游戏等都属于学生的天性潜质。研学旅行实现了教育教学活动由室内向户外的转变，以学生接近大自然的方式，恢复其固有的天性，对于释放学生天性潜质具有重要意义。研学旅行结合学生的身心特点和实际需要，以教师为主导，以学生为主体，使学生不再局限于教室，真正走出课堂，通过真实的、较为自然的实践性活动开阔学生的视野。研学旅行是兼顾"游"与"学"的教育活动，有助于学生自由、灵活等天性的展露。正如卢梭所言，教育任务应使儿童"归于自然"，弃恶扬善，恢复其天性。总而言之，爱玩、爱探究是学生与生俱来的天性，学生在旅行的亲身体验中，心灵、身体和情感有了适度的自由，释放了个人的天性潜质，在相对宽松、有趣的旅行过程中启迪心灵。

二、培养学生主动性

研学旅行是发挥学生自主能力，并以兴趣、爱好或者小组任务为导向进行探究的一项主体性实践活动，为契合学生作为学习主体的定位、发挥学生主动性提供了载体。研学旅行最鲜明的特点在于，教师把学生研学活动的主动权还给学生，学生会主动根据自身兴趣、爱好选择并参与小组活动，而不是盲目被动地、无选择地参加一些个人不感兴趣的小组活动或者探究任务。一方面，学生通过主动、积极地参与各种旅行实践活动，在自得其乐的融入式参与中逐步培养了参加活动的主动意识；另一方面，学生在参与小组探究活动的过程中，根据沿途旅行中的见闻和教师指定的任务，搜集、整合旅途中的观察内容、活动材料、学习笔记，参与小组的合作、研讨并分享活动成果等，浸润在旅行活动中"丰富所获"并"乐享其果"，培养了学生发现问题、探究问题、解决问题的能力，进一步增强了学生对学习的主动性。

三、加深理解共生关系

研学旅行是一项学生集体参与的以学习为导向的旅行活动，具有社群性的特点，学生需要在旅行的过程中，依据教师事先提出的探究要求和小组活动任务，通过与教师对话、沟通，与同伴合作、讨论，最终实现师生之间、生生之间共同参与、价值共享，这样有利于学生进一步加深对于共生关系的理解。共生关系是人与自然界、人与社会以及人与自我之间的相互依存关系，即"共同生存""互利共生"。学生作为学习的主体，具有与他人交往、表达情感的需要，而研学旅行正是建立在师生、生生以及学生与他人之间丰富多彩的交往活动基础之上的。学生在参与集体探究活动的过程中遇到困难和阻碍时，要及时向带队教师倾诉所遇困境，请教化解之道，同学之间也要互帮互助共同克服困难，解决活动中出现的问题。学生通过与教师、同学分享研途中的所见、所闻、所感及所学，增强同学之间相互关心、帮助的认同感，在与他人和谐共处的研学活动中，加深对于共生关系的理解。

四、促进学生个性和社会性的发展

研学旅行是研究性学习与旅行体验相结合的教育实践活动，以尊重学生个性为前提，促进学生个性发展，进而更好地实现学生的社会性发展。一方面，研学旅行在设计和实施过程中，教师应尊重每个学生的个性特点，尽可能发现学生个体之间的差异，为其个性发展提供良好的平台。在具体的研学活动中，教师要根据学生不同的年龄阶段、性别、兴趣、特长以及学情等方面的差异，合理分配难易不同的研学任务，充分挖掘每个学生的内在潜力，让学生经历从不会到会、从不了解到真正理解的学习过程，有利于其个性充分发展。另一方面，学习空间的拓展、延伸使得学生有机会直面社会生活中的各种现实情境，学生在旅行活动过程中，能体会不同的自然、人文风光，学生个体与他人及社会群体相互作用、相互影响，丰富其社会性体验。"在学校教育中，社会性的过程主要蕴含在知识技能的习得、行为规范的养成以及价值观念的形成过程中。"学生在主动参与研学旅行的过程中，要发挥自身的主体性作用，并敢于主动承担团队活动任务和树立主人翁意识，在集体中相互合作、互帮共进，通过在各种生活环境中观察、探究、交流、反思以及感悟等一系列过程，在学习知识技能的同时，培养自主精神、责任观念、主动交流与合作等能力，进一步促进其社会性发展。

五、提升学生核心素养

学生的核心素养主要是指学生应具备的能够适应终身发展和社会发展需要的必备品格和关键能力。研学旅行在促进学生社交技能、意志品质发展的同时，增强了其在真实的社会情境中有效解决问题的"综合力"和"胜任力"，对于提升学生的核心素养具有重要的现实意义。对研学旅行活动的实施过程进行分析，一方面，带有学习任务的旅行活动，使学生在与集体、外界交往的过程中，有助于逐步消除以自我为中心的个人主义思想，体认、理解并掌握社会道德规范，进一步形成集体合作意识，培养其良好的社交技能；另一方面，研学旅行活动有助于培养学生良好的意志品质，学生在不断坚持和战胜困难的过程中，逐渐形成了坚强的意志品质。从研学旅行的组织运行过程来看，研学旅行需要发挥学生的主体作用，如帮助教师组织旅行、参与策划分组活动，负责管理旅行中的学生秩序和帮助做好各种宣传工作等，培养研学旅行中的小主人翁意识，在活动实施、参与的过程中，提升自身的综合能力，进一步提升学生的核心素养。

第三章　自然教育与研学旅行的发展

第一节　国内外自然教育的发展

一、国外自然教育的发展

（一）美国的自然教育

美国是世界上最早将环境教育以立法的形式公布的国家，1970 年美国颁布第一部环境教育法《国家环境教育法》。此外，美国国会民主党和共和党议员在 2013 年联合递交了《环境教育法增补提案》，提倡引导孩子进行户外学习和实践，发现自然的奇妙。

美国的自然教育实践模式主要是"教学+自然学校+项目"。美国学校内开展的自然教育体验课，通过各种贴近生活的实践活动（包括参观国家公园等保护地活动）帮助学生学习认识自然以及保护环境的相关知识。美国自然教育主要实施的三种方式，分别是生态游戏、自然环境解说、在线多媒体资源及课程。生态游戏形式多样，内容丰富，且趣味性强，是美国国家公园开展自然教育最核心的手段之一。生态游戏通过寓教于乐的方式，不仅可以帮助公众快速进入自然，生动形象地感知自然，还能发人深省，让公众从内心去感悟和爱护自然。其中，最常见的便是野外考察活动。自然环境解说其品质直接影响着自然教育开展的效果。再好的活动方案和课程，都需要有好的老师进行引导才能达到理想的效果。美国国家公园都会长期向公众提供各类自然解说和科普教育服务，解说内容涉及自然环境、人文历史等各方面，以期让游客感受到人与自然的紧密联系。在线多媒体资源及课程网上提供公园资讯，提供图片、文字、视频或进行互动小游戏、虚拟游园等，方便人们了解公园。网络还可能提供由教育专家编撰的开放式自然教育课程。

同时，美国也成立了自然学校，针对不同认知程度的孩子设计系统、体验式的课程，让孩子在大自然中通过观察、动手等一系列自主的学习方式去感知自然的魅力和探索知识的乐趣。美国有很多以探索自然为目的的教育课程项目组织，例如美国很多农场作为自然学校的教学场地，通过在农场亲自观察周围的自然环境、接触动植物以及思考与生活密切相关的问题等，使得孩子们对生命、自然的理解更加深刻。还有很多以自然为基础的项目，到森林、农场等户外开展远足、野营、生活实践等自然教育模式，使参与者发现自然之美。

美国作为最早提出国家公园概念的国家，发展至今已经成为世界上国家公园体系发展最完善的国家之一。美国国家公园管理局通过构建完善的环境教育体系、设计形式多样且内容丰富的教育活动，让公众充分了解和学习国家公园所具有的独特自然生态和历史文化知识以及在保护自然生态系统与重要历史文化资源方面的重要作用，进而提高公众对于国家公园的热爱之情和保护意识，并付诸实际行动切实保护国家公园和生态环境。随着美国国家公园体系的建立，首任局长斯蒂芬·马瑟在第一个报告中明确指出"国家公园和名胜古迹首要的功能就是服务于教育目的"。美国国家公园通过解说与教育服务提升游客对公园环境资源的保护意识，其中也不乏引导游客规范个人行为。解说与教育方式分为人员服务、非人员服务和教育项目。人员服务就是有公园员工参与的解说服务，主要形式有游客中心服务、正式解说、非正式解说及艺术表演等。目前，美国国家公园体系有约6000名专业的解说人员。非人员服务是没有公园员工参与的媒体性设施，主要有展览和展品、路边展示、路标、印刷物、视频、网站等。教育项目是主要针对青少年开展的公园课堂，旨在让青少年在国家公园里学习自然科学和人文历史知识。

（二）德国的自然教育

德国是一个联邦制国家，联邦与州都具有在某些方面的立法权。1970年德国建立的巴戈利亚森林国家公园是国内第一个国家公园。1972年出台了第一部环境保护法《垃圾处理法》，并将其列入《基本法》（《波恩宪法》）中。与国家公园相关的保护法案主要是《自然和景观保护法》指导各个州，且根据具体的国家公园保护目标制定相关法案，如《石勒苏益格——荷尔施泰因国家公园浅滩国家公园法》对区域、保护目的、公园的发展、规划、恢复、保护等措施、管理结构、破坏环境的相关处罚等作出明确规定。

德国自然教育以森林为场所展开，以"森林教育+主题教学模式"为主。例如，东巴伐利亚森林国家公园中应用动植物资源、生态特征、历史演进和文化特色等自然教育的内容，建立观光信息中心、网络展示、标识系统等环境解说设施。将气候变化、空气污染、水污染及森林生态系统等八个专题式的自然教育融入5~13年级自然、地理、社会等课程大纲的研究中，最终形成了德国的自然教育实践模式："森林教育+专题教育"。

德国波兰登附近的一家幼儿园有个持续很多年的"森林游"的传统，每个月的第二周他们都组织孩子步行到森林中活动。孩子们要在森林里吃、在森林里玩。这一活动的关键是风雨无阻，四季不断，下雨下雪依然按计划行事。园长认为恶劣的天气更能锻炼孩子的意志力，还能够增强孩子们的体魄和适应能力。孩子们也非常喜欢这样的活动。因为持续不断的训练，该所幼儿园的孩子独立，不娇气，守承诺，能很好地适应幼儿园的生活。

研究认为，与传统幼儿园的幼童相比，由森林幼儿园走出的孩子们身心发展更加平衡。到 20 世纪 90 年代，森林幼儿园开始在德国得到快速发展，后被陆续推广到北美和日韩。

德国的家长们和老师认为，德国是从森林里走出来的民族，森林是大自然的象征。培养孩子热爱森林、敬畏自然的精神，会让孩子的一生充满灵性，懂得抵抗无穷欲望，享受单纯质朴的快乐。

（三）英国的自然教育

英国自然教育的发展具有独特的历史与文化，这种教育哲学与教学方式，在英国正规的教育体制内实施已有 60 年的历史。英国最早的户外学习可以追溯到 19 世纪欧洲与英国的哲学家、博物学家、教育家，例如，巴登·鲍威尔、莱斯利·保罗、库尔特·哈恩、苏珊·艾萨克斯、麦克米伦等人。英国的自然教育以"森林教育+体验式教育模式"为主，英国中小学环境教育的开展受到了卢卡斯环境教育模式的深刻影响。1972 年，时任英国大学国王学院院长的卢卡斯教授提出了著名的环境教育模式——卢卡斯环境教育模式。他把环境教育归结为"关于环境的教育""通过环境的教育""为了环境的教育"三个方面。

英国作为现代自然资源管理制度和教育体系最为完善的国家之一，在合理利用自然和历史资源开展自然教育的管理上积累了丰富的经验，其中英国田野学习协会（Field Study Council，FSC）是主要的践行机构，FSC 作为英国最大的国家级野外环境教育机构，成立于 1943 年，以"让人人都能了解环境，帮助人们了解自然并从中获得启发"为宗旨，总部设在修尔斯贝利（Shrewsbury），其后陆续在英国境内设置了 20 所田野中心。1994 年，FSC 环境教育部门成立，为各教育机构提供了环境相关的培训课程及咨询服务。

目前，FSC 中绝大多数中心都位于具有优势自然资源或古老历史建筑的场所，其设计开展的环境教育教学项目也并不局限于中心内，更延伸至附近的国家公园、瀑布、海岸等场所，充分利用周边环境的优势资源进而开展丰富的生态实践活动，或在当地的历史建筑、公园等场所开展认知课程从而让学习者了解历史人文的变迁。同时，FSC 在设计课程方案时会依照不同的对象及其需求有所区分，也会根据各中心不同的特色而在课程设计上有所不同。

自 20 世纪起，无论是个人户外游憩还是相关教育课程，参与户外活动的人数有持续增长的趋势。许多学者开始针对自然教育所创造的效益进行实证研究并得到一致结论，参与户外活动能够为学生与青少年带来潜在的正向效益。例如，英国自然教育学者霍普金斯和普特南通过户外冒险学校的实务工作观察、资料收集、分析、总结户外冒险活动能为参与者带来的十项关键要素：

①高强度，且具体真实的活动体验；

②解决符合能力的挑战；

③强调个人成就；

④移情的气氛；

⑤对于活动的高度期望；

⑥强调体验学习的精神；

⑦结构性的反思；

⑧团体过程与动力；

⑨对于周边环境的察觉；

⑩将探索视为未来生活的隐喻。

这种独特的教育活动和学习方式逐渐受到英国教育与管理领域的重视，加上英国 20 世纪 70 年代与 80 年代，其教育系统开始向更多以学生为导向的教学方式，以提高学生主动学习兴趣与学习效果。因此，英国教育机构认为这种教学活动能够为学生与青少年提供具有正向教育意义的成长经验，并将这种教育哲学与教学方式融入学校教育系统。

结合国内外相关学者专家智慧与实际从事相关工作者的经验，以及在英国教育标准办公室与教育和技能部门的共同努力之下，英国教育部 1995 年将户外与冒险活动（OAA）引进为国家课程的一门教学活动。英国教育部 2007 年颁布的国家课程虽未明确将 OAA 纳入课程，但课程的规划仍保有 OAA 活动的元素。根据英国最新公布的 2013 年国家课程，OAA 课程所提供的室外学习、生态保育活动，能够有效地协助课程发展个人、道德、社会等相关技能，并提升学生对环境知识的理解与尊重。以下为 2013 年英国国家课程所实施的 OAA 相关方针：

第一关键阶段 KeyStage 1（3~7 岁）：参加感官类自然体验为主；

第二关键阶段 KeyStage 2（7~11 岁）：参与一系列个人或团队的户外活动或

挑战;

第三关键阶段 KeyStage 3（11~14 岁）：参与一系列户外活动，其中包括智力与生理挑战，鼓励学生在团队活动中建立信任，并发展个人或团队的解决问题能力;

第四关键阶段 KeyStage 4（14~16 岁）：参与更进一步的户外活动，继续强化智力和生理挑战，深化团队信任与问题解决能力的培养，同时注重培养学生的领导力和自主决策能力，让学生能够在复杂的户外情境中独立思考并带领团队完成任务，为未来面对更多挑战奠定基础。

自然教育融入课程中，除了增加学生与户外自然环境的互动外，也通过探索元素的融入，增加身体与心理能力的锻炼。自然教育活动不仅能协助参与者在认知、情意与技能上的主动学习，还促使他们突破自身的舒适圈，进而获得正向成长。因此，学生能够由生态环境去面对精神上和身体上的挑战，这些潜在的学习成果能够被转移至其他领域发展的技能、信心、能力等。许多学者也纷纷通过实证研究去探究 OAA 创造的效益，归纳如下：增强自信与毅力、提升自我认知、促进身心健康、培养团队协作能力、锻炼领导与沟通能力、增强环保认识、激发环保行动、丰富课程体验、发展综合技能。

据 2016 年的统计数据，英国开展自然教育的场所达到了 800 多个。此外，英国开展自然教育的场所主要可以分为以下两种类型：一是在具有特色的自然生态与文化资源的区域以自然体验与学习探知为核心开展的田野调研项目；二是在乡村休闲区域为消费者提供相关自然教育的配套服务，包括活动方案设计、住宿、餐饮等方面的内容。

（四）日本的自然教育

日本自然教育的兴起时间可以追溯到 20 世纪 60 年代，其前身是日本的野外教育（outdoor education）。初期采取露营的方式，以男童子军（boy scout）、女童子军（girl scout）这些青少年团体为中心。孩子们共同度过一段时间的集体生活，并在"非日常的自然"空间中进行各种活动。比如徒步、游泳等身体活动，利用树木的花和果实进行艺术创作及野外表演等。晚上还举办篝火晚会、夜骑等活动。1961 年日本制定的《体育振兴法》将体育定位为"野外活动"。2001 年，文部科学省合并成立后，"国立青年之家""少年自然之家"等青少年教育设施成为野外教育活动的主要实践场所。

随着都市化发展人与自然日益远离，公寓化的居住条件以及电视的普及也剥夺了儿童与自然的接触，同时与周围人交往的机会也大大减少。有人曾经描绘在这种环境下的现代儿童表现出的三无主义：对周围一切事物无兴趣、无感动、无气力。这充分说明现代生活对儿童身心造成的不良影响。1990年后，人们逐渐意识到儿童"生存力"养成的重要性，自然体验活动受到了更多的关注，也认识到在野外的儿童游戏活动能够提高其想象力和协调性，促使孩子身心发展。另外环境教育的重要性在于孩子通过自然游戏使五感充分接触自然界，在森林中学习生态循环并了解如何与自然相处。虽然类型、目的不同，但这个时期以自然和教育为主题的活动整体增多。自然学校也逐渐成立，成为日本自然教育的主体。

日本的教育注重强调自然体验学习，亲近自然的学习体验与垃圾分类的环境意识培养开始于每个孩子的童年，从小就让儿童接近自然、感悟自然，在自然体验中轻松愉快地成长。国立公园中具有特色的自然教育内容主要以森林教育和湿地教育为主，以进行乡村生活体验、农业体验、畜牧体验等活动为辅。正式教育通过社会科、道德科及地理历史科等多门学科和特别活动等来实现自然认知。在非正式教育中相关受教者通过森林幼儿园和自然学校参与的户外活动主要有以下几种形式：营队活动、自然观察、自然体验、修学旅行、自给自足的生活体验等，形成了自然教育的实践模式："自然+家庭+自然学校"。此模式覆盖范围广，涉及人群多，使得日本民众从幼儿到成人都在接受着自然教育的熏陶。日本自然学校的特点是将校内校外的两种生活模式相结合，校内会接受相关理论知识的普及，校外进行的"修学旅行"是自然教育体验活动中非常有特色、也很受学生喜爱的主要内容之一。同时，日本的自然学校会整合社会企业各方面的环境教育资源，共同开展自然教育，例如日本的环境团体会组织很多亲子自然体验活动，让家长和孩子都能亲近自然、感悟生命。此外，日本的许多社区都设有各种形式的环保教育中心，如东京板桥区的环境中心，面向社区的全部居民和学校免费开放，还有很多社区公园保留了大量的自然风貌，拥有数量相当可观的野生动植物，使其周边的民众随时能感受到自然气息，潜移默化地接受着自然教育。

日本的自然教育活动共分为13类（40种），包括接触自然，享受自然，在大自然中游戏、玩耍、散步；保健休养，赏花、赏叶，调节身心；野生动物保护调查研究、繁殖与饲养、改善生境；自然观察与学习，如生物观察、环境学习、参观污水处理厂等；为观察和学习进行的采集活动，如采集动植物标本；为有效利用进行的采集活动，如燃料、手工与工艺制作材料、食材的采集以及堆肥；维护自然环境，如环境治理；设施建设，如建造小屋、步道和游乐设施等；林业作业，如植树造林、除草整地、修剪树枝、间伐与除伐、采伐、蘑菇栽培、烧木炭；手工制作，如手工制作技术与手工艺品制作；体验生活，如感受自然的恩惠、饮食体验、野炊等；举办艺术活动，如艺术创作活动、展览会、摄影展以及室外音乐会等表演艺术；运动，如登山、滑雪等课程。

日本的学校、企业、志愿者、NGO、地区森林所有者和森林联合体等民有林相关主体共同合作推进基于森林体验的自然教育事业，让日本的自然教育渗透到各个角落，公民的环境保护意识也很强烈，使得很多游客对日本的第一印象就是"好干净"。在日本的自然教育发展进程中，民间组织一直起着不可忽视的作用，例如以保护野鸟为宗旨的民间环境保护团体"日本野鸟会"，其会员大都是中小学生，他们在成年人的支持下，通过举办一些户外观鸟、保护栖息地等活动，不仅培养孩子热爱自然的意识，还让他们获取了环境保护知识。

此外，日本通过与学校合作在国有林中开展校园实践活动，与学校分担部分造林费用，不仅拓宽了自然教育途径，也解决了国有林运营的资金问题。还有便是推进森林管理局、森林管理署等举办森林俱乐部和森林教室等活动，不仅让民众真切体验森林环境，还使得民众自发形成环保意识。日本的森林技术人员还会向大众提供森林、林业相关的信息和服务，并且会公开制定区域管理经营计划，对森林进行宣传报道等提高国民对国有林的关注度，增强国民对国有林事业的理解和支持。

（五）澳大利亚的自然教育

从世界范围来看，澳大利亚是较早开始重视环境教育的国家之一，在20世纪70年代就召开了"教育与环境危机会议"，在20世纪90年代就确立了走可持续发展环境教育的基本方向。1989年，《澳大利亚学校教育的国家目标》中关于环境教育的目标是这样规定的："让学生理解并关注地球平衡发展的问题。"1995年加入欧盟后，澳大利亚的环境教育目标只体现在：理解可持续发展理论，形成可持续发展观念、掌握可持续发展技能。1999年，在南澳大利亚州的阿德莱德召开的州和地区教育部长级会议上，各州教育部长共同签署了《21世纪国家学校目标宣言》，也称《阿德莱德宣言》，为了实现《阿德莱德宣言》所规定的环境教育目标，2000年7月澳大利亚环境和遗产部颁布了《为了可持续未来环境教育的国家行动计划》（以下简称《国家行动计划》），在《国家行动计划》的指导下发展环境教育，特别是"可持续学校"的建立。

澳大利亚人将尊重学习者的生命体验与乐趣作为前提，澳大利亚的自然教育实践模式为"全方位围绕式"。澳大利亚在家庭教育、学校教育、社会教育中都呈现出尊重生命、自然生长的理念，各个方面都渗透着全方位的自然教育理念。例如，在家庭中，学前儿童在游戏的模仿中愉悦自我、提高自我、升华自我，体现着一个生命个体该有的自然状态教育；政府以各种奖励制度来鼓励成人双休日参与亲子活动，以此来倡导一个家庭自然的其乐融融的生活状态；在学校里，不仅注重学校环境贴近自然的设计，还注重引领学生在社会大课堂、神奇的大自然中学习，引导孩子们在自然环境中去主动思考、摸索；在社会中，有众多的政府和非政府环境组织，推动学校和社会的环境教育的发展。澳大利亚的"可持续学校"是自然学校（也称绿色学校）的一种形式，学校的首要目标便是培养学生的环境实践能力，强调学生户外活动的重要性。此外，学校善于开发学校内部及周边的环境和生态系统作为环境教育资源，且注重与当地社区的积极合作，通过当地社区开发更多的人力及实践资源来共同开展自然教育。最后，澳大利亚国家规定，中、小学学生每年要到国家公园、自然保护区的教育中心活动至少两个星期，国家政策大大促进了自然教育的发展。

澳大利亚有众多的政府和非政府环境组织，特别是专门的环境教育中心和动物教育中心共同推进了自然教育的发展。在澳大利亚，每个公园、保护区都能成为大众环境教育基地，其中有一种方式是环境教育基地会不间断地组织学校教师培训，让教师学习有关自然环境保护方面的知识和技能，如植物园教育基地培训教师种植植物的技能，自然保护区教育基地培训教师物种保护和生物多样性的知识。之后，教师再在课堂和实践中对学生进行自然环境保护教育。此种方式是将"保护地+学校"的高效整合，保护地提供场地、知识、技能，提前对教师进行培训，再由教师对学生进行理论讲解和实践指导，环环相扣，学生、教师都从中得到系统、全面的自然教育体验。

（六）韩国的自然教育

韩国非常重视林业政策和相关法律法规体系的建立，在环境教育方面，主要是围绕森林资源进行的法律法规制定。1961年韩国颁布实施了第一部《山林法》。随着山林植被的全面恢复，2000年颁布实施了新的《山林基本法》，2001年又颁布实施了《树木保护法》。截至目前，韩国已出台了9部关于山林建设的法律，其中包括《森林休养法》和《森林教育法》。《森林休养法》和《森林教育法》的颁布使得韩国基于森林体验的自然教育走上系统、全面、稳定、快速的发展道路。

韩国的自然休养林拥有完善的自然体验体系、全面的教育设施建设，注重在不破坏原生自然的原则下进行设计开发。同时，韩国很注重生态环境保护意识教育，从小学阶段便开始进行生态保护教育，其着重于"森林体验式"自然教育模式，主要形式为依靠森林资源通过设立公园、博物馆，配备专业森林疗养师、林道体验师、自然解说员全面、系统地开展自然教育活动。目前,韩国正在努力推动建立青少年森林教育的相关法律法规,计划要求小学生每学期进行5~6小时的森林体验活动。

韩国的自然教育主要是基于森林体验的自然教育方式。韩国共建立总面积为674300hm² 的二十个国立公园以及十三个森林博物馆,并针对树木园进行科学的功能分区,设有森林浴场、学生教育区、盲人树木园、特别保护区、爱心林、游戏林等多个区域,并且利用"传统+科技"的方式向民众展示树木生命、用途,森林的历史和文化等。此外,韩国还发展了一批具有专业资格的森林从业人员以及森林疗养师、林道体验师,还构建了一系列自然解说员资格评定与培训体系,保障了自然教育开展的人员基础。值得一提的是,韩国在设计方面很注重细节,在保护地内会针对不同群体对森林的需求不同而重点不同,例如韩国森林解说项目的服务对象,有针对孕妇、幼儿、青少年、中老年甚至残障人士等各个群体的讲解项目,每个人都能享受森林的福利。针对不同的对象提供不同的项目或者服务不仅增强了自然教育的体验性、丰富了自然教育的内容,还拓宽了自然教育的发展方向。

二、国内自然教育的发展

结合相应的时代背景与自然教育行业的发展,将我国自然教育的研究进程分为三个阶段,即初探期、发展期、上升期。

我国环境教育融合了国外环境教育的所有模式,以"教学+自然学校+自然体验"的形式对学生进行自然教育。首先,是多学科渗透,我国各地学校普遍采用多学科渗透的方式对学生进行自然教育,在课程中增加户外实践项目。其次,建立自然学校,在自然实践中学习动植物、环保、生态等自然知识,以及培养人与自然的联结情怀。2015年深圳建成了7所自然学校,例如,红树林自然保护区自然学校、仙湖植物园自然学校。最后,利用周围的保护地进行自然教育,中国拥有8000多个保护地,可以通过合理利用大自然丰富的生态多样性,进行多样化的自然教育。

中国自然教育从一开始就立足于人们身心健康发展和生态意识之养成而展开,对推动教育改革和生态文明建设都具有重大的意义。但由于出现时间短、发展速度快,因而存在不少问题。目前,我国学校内部的自然教育过多偏重理论知识教育,缺乏实践;自然学校思路较窄、形式单一、实践后劲不足。很多人认为自然学校不适合我国应试教育的发展模式,很多家长不愿意让孩子进入自然学校学习,这使很多学校失去创建自然学校的兴趣。自然保护地的自然教育设计规划、配套设施以及人才储备都存在着缺陷,限制了自然教育系统全面的发展。目前利用各保护地进行自然教育大多是"保护地+机构"合作模式,虽说已经取得了一些成果,但保护地的自然教育存在着体系简单、形式单调等问题，自然教育机构也面临着项目单一、市场不稳定等问题。

（一）中国自然教育的政策环境

自然教育是当下中国新时代背景下与社会环境下应运而生的产物。自然教育作为生态文明建设工作中的重要一环，所关注的领域和内容较为广泛，在自然教育概念直接出现在国家政策中之前，国家相关部门如教育部、生态环境部等在生态文明宣传教育和国民教育体系建设中的与德育、研学实践、科普等相关领域出台的政策均为自然教育的发展提供了广泛的支持。

2015 年，中共中央、国务院印发《关于加快推进生态文明建设的意见》提出，坚持把培育生态文化作为重要支撑。将生态文明纳入社会主义核心价值体系，加强生态文化的宣传教育，倡导勤俭节约、绿色低碳、文明健康的生活方式和消费模式，提高全社会生态文明意识。

2021 年，生态环境部、中宣部、中央文明办、教育部、共青团中央、全国妇联六部门共同制定并发布《"美丽中国，我是行动者"提升公民生态文明意识行动计划（2021—2025 年）》计划要求将生态文明教育纳入国民教育体系，组织、鼓励和支持大中小学生参与课外生态环境保护实践活动，充分发挥研学实践基地、生态环境宣传教育基地、生态环境科普基地等的作用，为学生课外活动提供场所、创造条件。

原环境保护部在《全国环境宣传教育工作纲要（2016—2020 年）》《中小学德育工作指南》中，都明确要求义务教育阶段要在校内开展环境教育、推进生态文明教育，通过开展基本国情教育，加强节约教育和环境保护教育；从培育中小学生保护生态环境的意识、提高高校环境课程教学水平和培养环保职业专业人才三个方面提升环境教育水平。

在教育部和原环境保护部发布的众多推进中小学研学旅行的文件和政策中，也都明确提出要求中小学生在研学旅行和综合社会实践中注重亲近自然、了解自然、保护自然。如 2012 年教育部联合环境保护部印发的《关于建立中小学环境教育社会实践基地的通知》、2016 年教育部等十一个部门联合发布的《关于推进中小学生研学旅行的意见》、2017 年教育部的《中小学综合实践活动课程指导纲要》都对中小学研学旅行中的自然教育做了明确要求。

我国拥有大量自然条件优越的自然保护地，而优质的自然资源是开展自然教育的重要前提。国家出台了相关方案与法规推进自然保护地开展自然教育工作。

2017 年，中共中央办公厅、国务院办公厅印发《建立国家公园体制总体方案》

（以下简称《方案》）。《方案》中提到"国家公园坚持全民共享，着眼于提升生态系统服务功能，开展自然环境教育，为公众提供亲近自然、体验自然、了解自然以及作为国民福利的游憩机会"，把自然教育作为国家公园的核心功能之一正式写入国家政策之中。

同年，国务院发布最新修改后的《中华人民共和国自然保护区条例》，自然保护区管理机构的主要职责包括进行自然保护的宣传教育；在不影响保护自然保护区的自然环境和自然资源的前提下，组织开展参观、旅游等活动。

2019年，中共中央办公厅、国务院办公厅印发的《关于建立以国家公园为主体的自然保护地体系的指导意见》中指出，建立自然保护地的目的包括服务社会，为人民提供优质生态产品，为全社会提供科研、教育、体验、游憩等公共服务；在保护的前提下，在自然保护地控制区内划定适当区域开展生态教育、自然体验、生态旅游等活动。

2019年4月1日，《国家林业和草原局关于充分发挥各类自然保护地社会功能大力开展自然教育工作的通知》发布，这一通知成为全国范围自然教育的直接指导政策，全国各地的自然教育相关政府部门、机构、从业者等纷纷响应，将中国的自然教育工作推进到一个新的发展阶段。

早期发展历程中，关于环境教育、德育、研学实践的支持政策与生态文明宣传教育的相关政策为自然教育的发展打下了良好的基础，直接面向自然教育的支持政策又给中国自然教育带来了新的绝佳发展机遇。在自然教育萌芽和发展的整个历程中，基于生态文明指导思想的政府政策体系起到了至关重要的支持作用。以下按照时间顺序对2010年以后政府各部门出台的自然教育相关支持政策做出了不完全梳理，见表3-1。

表3-1　2010年以后政府各部门出台的自然教育相关政策总结

发布时间（年）	政策名称	发布单位	涉及方向
2012	《关于建立中小学环境教育社会实践基地的通知》	环境保护部、教育部	环境教育
2015	《关于加快推进生态文明建设的意见》	中共中央、国务院	生态文化宣教
	《生态文明体制改革总体方案》	中共中央、国务院	自然观光、科研、教育、旅游
2016	《全国环境宣传教育工作纲要（2016—2020年）》	环境保护部、中宣部、中央文明办、教育部、共青团中央、全国妇联	自然保护教育

（续）

发布时间 （年）	政策名称	发布单位	涉及方向
2017	《建立国家公园体制总体方案》	中共中央办公厅、国务院办公厅	自然环境教育
	《全国森林体验基地和全国森林养生基地试点建设工作指导意见》	国家林业局	森林体验
	《中小学德育工作指南》	教育部	生态文明教育、研学旅行
	《中小学综合实践活动课程指导纲要》	教育部	自然实践
2019	《关于建立以国家公园为主体的自然保护地体系的指导意见》	中共中央办公厅、国务院办公厅	自然教育
2020	《关于充分发挥各类自然保护地社会功能大力开展自然教育工作的通知》	国家林业和草原局	自然教育
	《关于加强林业和草原科普工作的意见》	国家林业和草原局、科学技术部	林业科普
2021	《"美丽中国，我是行动者"提升公民生态文明意识行动计划（2021—2025年）》	生态环境部、中宣部、中央文明办等	生态文明教育
	《全国三亿青少年进森林研学教育活动方案》	全国关注森林活动组委会	森林研学教育

（二）广东省自然教育

广东省广泛借鉴国际环境教育和自然教育的先进经验开展自然教育，是全国较早开始发展自然教育的示范省份。广东省自然教育在发展阶段上经历了从民间探索到政府支持与规范的历程。2014年，深圳市创建第一所"自然学校"，随后广东省内众多自然保护地、自然公园着手自然教育的发展；2019年，广东省林业局在国家林业和草原局的正确指导下，进行了大量的探索实践，广东省的自然教育进入了新一轮的快速发展阶段，并逐渐形成完善的自然教育体系。

广东省自然环境多样，在地质地貌、气象、动植物等方面都拥有全国甚至世界范围内具有独特性的在地资源，为广东省发展自然教育提供良好的自然资源支撑。广东省在自然保护地的保护工作中积极探索全民共享机制。在保护前提下，在自然保护地控制区内划定适当区域开展生态教育、自然体验、生态旅游等活动，构建高品质、多样化的生态产品体系。完善公共服务设施，提升公共服务功能。扶持和规范原住居民从事环境友好型经营活动，践行公民生态环境行为规范，支持和传承传统文化及人地和谐的生态产业模式。广东地区还具有鲜明而富有特色的历史文化背景，以自然教育发展的视角来看，对本土文化历史的认识与发扬是自然教育应该关注的重点之一，广东省在此方面拥得天独厚的资源。岭南先民在与华南茂密的森林、密布的水网和无尽的海洋交流的历史过程中，留下了许多值得自然教育挖掘和探寻的故事和灵感。

在经济、社会方面，广东省作为我国经济总量的第一大省，在国民经济与社会发展中一直将科技、教育、环保作为重点财政支出领域，自然环保工作得到了政府的高度重视与支持。在教育、节能环保、农林水自然资源等重点领域的财政支出仍在逐年增加。广东省加强建设粤北生态特别保护区，开展粤北南岭山区生态修复，积极创建国家公园的举措也为广东省自然教育发展提供了助力。

在民间、公众参与基础方面，多年的公众参与探索实践为广东省自然教育发展提供了良好的公众基础，公众能够更快速、有效地参与到自然教育活动、自然基地共建、自然教育探索中。诸多公众参与、共建花园、社区营造等方面的探索实践有效推动了自然教育的发展。广东省的深圳、广州、东莞等众多城市还有很多自发的民间环保组织、公益组织、基金会在不断地为自然环保事业发声和行动。自然教育也成为公益环保组织推动环境保护的重要手段之一。它们通过开展环保教育，带领公众走进自然，体验自然之美，从而让更多人参与到环境保护中。这些民间组织在深圳、广州等地不断发展壮大，也已成为推动自然教育事业蓬勃发展的重要力量。

广东省自然教育的发展思路就是要全面贯彻落实习近平新时代中国特色社会主义思想和党的十九大精神，牢固树立绿水青山就是金山银山的发展理念，传播生态之美，传承生态文化，拉近人与自然的距离，提供更优质的绿色福利，满足人民群众生态需求，推进自然教育规范发展，建设全国自然教育示范省，为广东构建人与自然和谐共生的绿色生态强省和建设美丽粤港澳大湾区作出新贡献。在生态文明思想的指导下，广东省提出了自然教育发展的基本原则。全省的自然教育事业在生态文明思想的指导下，形成了由政府和民间合力发展共创的局面，并在基地建设、人才培养、活动、课程、产品等方面进行了广泛的实践，积累了重要的发展策略经验。

（三）香港地区的自然教育

我国香港地区自然教育实践以"政府+非政府组织+学校"为主要组织方式。其中，政府和非政府组织主要开展面向公众的自然教育，而学校则承担在校学生的自然教育工作。香港地区政府于 1994 年注资港币 5 亿元成立环境及自然保育基金，环境保护署又于 1993 年和 1997 年分别在湾仔和荃湾成立两个环境资源中心，免费对公众开放。政府教育署出版的《学校环境教育指引》，以跨课程的形式介绍香港地区各层次的环境教育项目。

在香港地区，学生除了接受面向公众的环境教育，还有针对其学生身份特征的环境教育，香港特区政府教育局主要采取的方式有：制定《学校环境教育指引》，采用跨课程的教学法；向学校提供资源，并安排教师接受相关培训；与其他政府部门和非政府组织合作。香港地区的学校环境教育特别强调"从环境中学习",即强调实践。自然保护区、郊野公园、海岸公园等在香港地区的学校环境教育中发挥着不可替代的作用。

(四)台湾地区的自然教育

台湾是我国较早引入自然教育思想的地区。1995年,在自然文学家、自然摄影师徐仁修老师的带领下,台湾地区成立了"荒野保护协会",旨在通过购买、长期租借、接受委托或捐赠,取得荒地的监护与管理权限,将其圈护,尽可能让大自然经营自己,恢复生机,给子孙后代保留可以探知奥妙、领悟生命的荒野。从垃圾分类到湿地保护,台湾地区的自然教育与环境保护经验已经成为我们的学习样本。

台湾地区的自然教育提倡"永续"发展。例如,在垃圾分类和资源回收方面,学校通过歌唱、戏剧及各种多媒体的教学,用寓教于乐的方式,让孩子知道垃圾减量、资源保育的重要性。面向学校的永续校园整合型计划也颇有特色,借此改造计划,学校一方面可以对基础设施进行自然生态改造;另一方面又可以基于此向学生提供自然教育课程。永续校园计划由专业团队辅导协助学校进行,学校师生对永续有比较具体的概念,2002—2013年累计补助学校数已达961校次,每年平均补助87所学校营造具有生态、省能、省水、健康的校园环境,并带动城乡学习永续发展的理念。

第二节　国内外研学旅行的发展

一、国外研学旅行的发展

(一)英国的研学旅行

英国是最早倡导教育旅行的国家,在罗马时代,英国对教育旅行的热情便已开始。1670年,理查德·拉塞尔斯在著作《意大利之旅》中记载英国上流社会的青年男子前往意大利学习的教育活动,这种贵族游学形式也被称作大陆游学(Grand Tour)。随后,出现了强调"教育"和"旅行"的关系的名词,译为"教育旅行",即所说的研学旅行,指的是以教育和学习为目的的文化活动。英国学者里奇(Ritchie)等人将其解释为旅游者将"学"作为主要或次要的旅游活动。这种旅游活动涵盖普通教育旅游、成人教育旅游、国际国内大学及学校学生的旅行等形式。随着社会的发展,英国研学旅行衍生出多种形式的校外教育活动。校外教育活动是英国中小学生了解自然和社会、提高综合技能和社交能力的重要途径,并且效果十分显著。

（二）日本的研学旅行

日本的研学旅行被称为"修学旅行"，日本于1946年发展修学旅行，到1960年修学旅行已成为日本中小学校的常规教育活动。其中"修学"与"研学"同义，指的是"治学、研习学业"。"修学旅行"一词最早出现在东京师范学校（现筑波大学）的《东京师范学校行军旅行（修学旅行）的创始》一文，即作为学校传统的活动项目，修学旅行具有参加人数多且为青少年，涉及教育和文化市场广大且稳定增长等特点。儿童、学生由教师带队，到文化、产业等重要基地参观，加深对知识的理解并陶冶情操。随着时代发展，目前日本已经具备了融合多项活动，跨学科、跨领域的成熟研学旅行产品。

英日两国的研学旅行虽然叫法不一，但是都强调"教育"和"旅行"之间的紧密联系，重视教育性和体验性，以此实现学生的发展。从英国和日本两国对研学旅行概念的界定看，二者共同关注的是学生离开居住地进行旅行和观光，将教育目的贯穿其中，增长参与对象的学识和技能。当前，英国和日本的中小学研学旅行虽然已经自成体系，但是体现出了共同的教育内核，即以青少年学生为主要参与对象，以户外体验教育为关键，强调学生在教师的指导下，参与学校有目的、有计划组织的校外活动，并且有所体验、有所学习和有所收获。

（三）国外研学旅行实施模式

迄今为止，已有许多国家将研学旅行作为学校系统内能拓展大中小学生视野、提高跨文化理解能力的一种教育方式，并且积累了有益经验。从国外中小学研学旅行相关文献资料来看，目前国外主要有以下中小学研学旅行课程实施模式：自然教育模式、生活体验模式、文化考察模式、交换学习模式。

1. 自然教育模式

研学旅行中重要的一种旅行资源就是自然环境。卢梭认为，每个人都是由自然的教育、事物的教育、人为的教育三者培养起来的，其中自然的教育受之于自然，遵循自然，不断地锻炼孩子，用各种各样的考验来磨砺他们的性情。也可以说，自然本身就是每个人的老师，学生在室外受到自然给的锻炼，可以培养他们的体格和性情，陶冶他们的审美和情操等。在国外，自然教育模式的研学旅行指的是为了培养和发展学生更好的关键技能、知识和个人素质，由校方或民间机构开展的野外教育探险、自然历史古迹游学、自然中的动植物观察和景观观赏等活动所组成的学生旅行课程形式。该模式主张开放式教育，看重环境育人的效用。美国、日本、俄罗斯、马来西亚等许多国家将开展自然教育研学旅行作为校外教育的重要部分。在马来西亚，为了让学生了解、熟悉和收集有关森林保护的经验，养成森林保护意识，形成了教育、旅游和森林保护三位一体的基于森林旅行的自然教育模式。

2. 生活体验模式

研学旅行是促进书本知识和生活经验深度融合的一种重要方式。杜威认为，教育就是儿童生活的过程，倡导从生活中学习、从经验中学习、从做中学，使学校里获得的知识在生活体验中更加生动立体，并给儿童本身施加更加持久的文化意义的影响。在国外，生活体验模式的研学旅行指的是为了满足学生学会动手动脑、学会生存生活的需要，由开发者整合旅游基地的现有材料，使学生能直接接触社会生活环境，从而为学生创造整体的、特别的生活教育体验的学生旅行课程形式。该模式区别于校内生活情境学习和校内实践活动，主张在真实情境中学习，在社会生活中实践。日本、罗马尼亚等国的旅游教育者开发农场游学、职业体验、生存挑战等生活体验模式的研学旅行，学生从中接受生活教育、实践教育。

3. 文化考察模式

有国外学者认为，旅行使人们离开常居地到不同的地方去接触、了解相对陌生的一种或多种文化，研学旅行是了解不同文化的最佳途径。文化是人们在社会历史发展过程中所创造的物质和精神财富的总和，物质文化是可见的显性文化，精神文化是不可见的隐性文化。随着全球化的发展，跨文化交际已经或将要成为生活中不可缺少的部分，培养学生的跨文化意识、跨文化理解能力以及跨文化交际能力离不开文化教育。对学生而言，文化考察模式的研学旅行正是一种合适的文化教育形式，从中让学生接触到他们平常可能并不会访问的地方和事物，在短期停留、考察中增长对各类文化的认识以提升文化理解力、包容力以及交际能力。该模式主张多元文化的交互教育，在日本、美国、韩国等国家，无论是历史、语言、地理、风土人情、饮食、生活和职业特色还是传统习俗、文学艺术、价值观念等，都可以成为文化考察旅行的课题，着力拓宽学生的视野。

4. 交换学习模式

最初，跨国家、跨地域、跨学校实现交换学习一般是高等教育阶段内的一种教育方式，而如今，交换学习不再是高等学校学生的"特权"，交换学习模式的教育旅行被认为是向全球学生提供最佳教育的一种方式，在基础教育阶段也逐步得到重视与发展。交换学习模式的研学旅行使学生实现城市互访和学校交流，有利于建立跨地域、跨国籍的文化了解渠道以增进地区间语言、自然、人文沟通和学术交流，学生在其中得到多方面的综合体验。该模式的内涵表现为基于城市互访或学校交流项目，学生离开现在的教育地，前往另一个教育地进行游学，是研学旅行的一种表现形式。在日本等国家，交换学习模式具有良好的社会基础，可以通过目的地旅游部门安排与当地学校或社会等进行全面交流、合作与互动，实现综合性的研究性学习，符合许多中小学生尤其是高年级学生的需求。

（四）国外研学旅行实施的特点

就研学旅行来说，笔者在分析国外研学旅行资料时，总结其经验，发现国外中小学研学旅行活动具有以下四个特点。

1. 注重"研学"与"旅行"相互交融

研学旅行的两大基本要素就是"研学"和"旅行"，在研学旅行的开展过程中缺一不可，如果缺失"研学"，则沦为单纯的观光游，如果缺失"旅行"，则沦为另类的常规课堂教育。在日本等国家，研学旅行中的"游"与"学"也并不是设计安排在时间上的分开与平等分配、简单相加，而是确保"游"与"学"的一体化，设计实施时做到游中有学，边学边游。以国外自然教育研学旅行模式的系列活动为例，既安排有自然景观的观赏路线，又以研究性问题为导向，鼓励学生在自然旅行中展开细致观察、图画或影像记录、多向交流和问题思考。在农场游学中，学生能在丰富多样的实践活动中获得旅行体验，并且在与学科相关的活动中运用课堂上获得的理论知识，旅行实践成为学科知识之间互通整合的桥梁。同样的，在国外文化考察研学旅行模式下，其构成要素包括外显的文化即物质文化的观赏行为和内隐的文化即精神文化的发掘、研究性学习行为，在研学旅行中，这两种行为息息相关，相互交融，彼此不可分离。国外的交换学习研学旅行模式具有综合性的特点，综合了大量的学习实践内容，包括自然、历史、地理、文化、语言和职业、学术培训等，一部分依托于旅行中实现，另一部分依托于学习交流中达成。综合来看，国外研学旅行的特点之一就是注重"研学"与"旅行"的相互交融，将"寓学于游"作为研学旅行的一个重要理念。

2. 注重游学活动的弹性设置和经验知识的动态获取

研学旅行课程既有别于综合实践活动课程，也有别于常规学校课程。研学旅行含有丰富的过程性内容、研究性学习方法与实践探究性表现形式，学生身处充满未知的研学旅行环境中，如果还是一板一眼地按程序化安排，极有可能会打击学生探索的积极性。国外经验表明，要关注旅行教育中的多样性和变化性，注重研学旅行过程性内容的弹性设置，注重学生在动手实践中动态地自我获取经验知识。无论是自然教育模式、生活体验模式还是文化考察模式、交换学习模式的研学旅行，都表现出学生学习的自主、开放和动态，所以游学活动的设置并不严苛，具有一定的弹性。比如，第一，在考察自然时是表现为没有严格的工作计划的，学生所获取的多为美好自然中变幻的影像和宁静的心灵体验。第二，在参与体验生活事物时，由于受限于研学旅行基地的物质资源，计划实施的一些实践活动在时间和人员分配上并没有确切安排，在一些实践活动的参与上享有一定的个人自由，从而弹性地、动态地获取经验性知识。第三，在考察文化、深入社会时，不同的知识基础所注重的文化略有不同，所以学生是依照个性化考察方案进行文化旅行考察学习，获取当地的文化。第四，在交换学习中涉及知识、文化和实践等的多样化体验，这样的多样化体验由学生自主安排，游学经验也是自主获得。游学活动的弹性设置和经验知识的动态获取是国外研学旅行实施的一大特点。

3. 注重创造研学体验的情景记忆

在教室空间中，教育者往往会通过创设适宜的具有一定情绪色彩、以形象为主体的教学场景，引起学生一定的态度体验，从而帮助学生理解教材和结构性知识等。但是，我们不得不承认，在教室中由教育者所创设的情境对于学生感官感知通道的开放和感觉的积极迸发等方面的作用极其有限。无论是何种模式的研学旅行，对学生来说，进行实地考察都是至关重要的。自然景观观赏、历史文化古迹考察、学习品鉴语言文化和地方文化、职业体验和生活体验等各种各样的学习旅游，都在真实、复杂、多元的景点或内部环境中开展。例如，森林保护式的自然旅行是在森林环境的资源基础上创设出保护森林的情景，学生在这样的旅行情境中及时体验、产生森林保护主题的情境记忆，从而达到深化保护意识、学习保护方法的目的。同样的，在历史古迹情景中缅怀古人，在语言情景中熏陶自身，在生活情景中学习技能等，符合教育主题的情景才能促进主题内容的教育深入人心。由此可见，国外研学旅行表现出重视创造研学体验的情景记忆这一特征。

4. 注重研学旅行需求的分化

在国外许多国家，学生在课程的选择上都已经享有较大的自由，校方提供多样的课程，学生可以依据兴趣自由选择，目的之一是使每一位学生都得到合适的教育。在研学旅行活动课程上也是如此，不同的学生会有不同的兴趣点及需求，依据调查研究，能广泛探索出不同阶段学生的旅行目标动机的几个主要类别，从而考虑将学生需求分化成研学旅行不同的主题。而在注重研究，就应由教学、管理和评价延伸至旅行准备、过程体验、生活实践、研究性学习和人员管理、评价发展，其中过程体验包含自然、文化、生活和社会等要素。在这样大的育人格局之中，还需配以体系化的育人策略。

第一，研学旅行是一项时间紧张、内容繁多的活动，其过程性的特征特别明显，所以，从政府、学校、教师开始规划研学旅行到学生们为研学旅行做准备，从学生们踏上行程到展开旅行和人文体验、生活实践和研究性学习等，从学生们踏上归程到实施多方评价、对接学校课程，均应开展育人活动，即实施全过程的育人策略。

第二，研学旅行所涉及的人员范围和事物范围较广，一方面是教师、学生、家长、旅游管理者、活动指导人员、安全保障人员和普通民众等各式人员，另一方面是交通、住宿、饮食、交往、旅行和实践等各项事物，所以，应该确保各方人员都表现出良好的品行、素质，各项事物都能挖掘出教育内容，即实施全员、全事物的育人策略。

第三，不同发展阶段、不同兴趣的学生所实际需要的研学旅行环境及体验是有区别的，应当结合学生的阶段性身心特点、能力基础、接受能力和实际需要，为不同阶段、不同兴趣的学生协调提供适合的研学旅行体验、适宜的管理和评价，使学生得以创造性发展，即实施全方位的育人策略。

二、国内研学旅行的发展

(一) 中国研学旅行溯源

我国研学旅行历史与思想可追溯至先秦诸子百家的游学活动。游学关乎"游"与"学"的辩证关系，在古人看来，学是目的、游是途径，游学是求知、人格培养、求仕入宦的重要途径。到近代，我国从传统封建社会沦为半殖民地半封建社会，国人试图走出国门、学习西方先进文化以救亡图存，这种旅游活动一般称为修学旅游，特殊的历史背景使其带有强烈的政治内容和功利性质，如康有为的旅游实践与维新变法运动等。海外旅行游历是近代中国走向世界的基本方式，对中国文化的近代化转型、民族性格的重塑以及社会风尚的趋新产生了重要影响。

1. 游学：古代（公元前 770—1840 年）

个体功利行为游学始于官学衰废、私学兴起的春秋战国时期，其中最为人熟知的历史事件是孔子周游列国，沿途一边讲学一边宣扬其政治主张。游学活动贯穿中国古代历史，其主体涉及士人、僧侣、贵族子弟及平民等各类群体。各类群体为实现各自功利或践行某种思想而游走各地。

士人求学求仕。春秋战国时期，诸子百家思想林立，或为求学或为求仕，士人游走于各国，例如孔子、李斯。汉武帝时期"罢黜百家，独尊儒术"后，儒士成为士人阶层的主体。在儒家"学而优则仕"的思想影响下，士人阶层为求学求仕而游走各地，成为中国古代游学主体。这类活动也被称为"游宦"。

僧道宗教圣行。佛教认为，僧人游学是善法，成就如狮子（狮子为兽中之王，佛教视佛为人中狮子）。僧侣为了翻译佛经、取经求法、拜访师友、参学讨教等而云游各地，称为"佛游"。道家主张顺应自然、回归自然，追求精神上的满足和自由，提出逍遥游的游学思想。在此思想指引下，众多道士追求成仙而辗转奇山异水，称为"仙游"。其他群体也为各自功利而游学各地。例如，北魏郦道元游历秦岭淮河、考察河道沟渠，撰成《水经注》；明代徐霞客游历天下、探幽寻秘，著有《徐霞客游记》；也有时值乱世，旨在参悟玄机、陶冶性情而"玄游"的竹林七贤。这些游学活动目的各异，但都带有一定的探索求知的性质。中国古代游学历史悠久，游学主体广泛，形成丰富的游学理论。读万卷书行万里路，士人求学求仕及僧道宗教圣行是主要的游学活动。古人为个体功利而自发游学，实现其个体价值的同时也促进了社会进步。

2. 修学旅游：近代（1840—1949 年）

救国存亡运动修学旅游是指近代中国在半殖民地半封建社会背景下，政府及相关教育团体或个体为救国存亡而发起的教育旅游活动，"救亡国存"是其最大特点。鸦片战争以后，晚清政府为抵御外侮派遣留学生前往美国、日本、欧洲等地学习西方科技与思想。晚清政府的海外修学旅游政策体现"中体西用"思想，急盼学习西方先进科学技术以抵抗外侮。"五四"新文化运动对封建教育进行了批判与变革，教育思想活跃，例如平民教育、工读主义、国家主义等教育思潮，教育与救国结合成为显著特点。1915 年，蔡元培等人在法国创立"勤工俭学会"，以勤工俭学的方式吸引有志青年赴法留学，以求"重以法国科学与精神之教育，图中国道德、知识经济之发展"，探索救国之路；抗战期间，在陶行知"生活即教育"理论指导下，中国首个少年儿童抗日团体——新安旅行团成立，该团体主张到"民族解放斗争的大课堂"里进行教、学、做，以修学旅游的独特方式宣传抗日、参加革命，为抗日战争的胜利作出重大贡献。该时期的修学旅游是在国难背景下，由政府组织或相关团体、个体自发的救国存亡学习运动，造就了大批人才，推动了近代中国社会制度的变革，为我国建设作出重要贡献。

3. 研学旅游：现代（1978 年至今）

新中国成立初期（改革开放以前），计划经济背景下的旅游事业发展缓慢；改革开放以后，不少学校有组织夏令营、红色旅游、地质生物考察等带有研究性学习的旅游活动，国外一些"修学旅行团"来华交流学习，国内旅行社也相应成立"修学旅行"接待部门。受国外研学旅游思想、我国旅游业的转型升级及对素质教育的愈加重视影响，研学旅游逐渐成为我国兼具体验式教育和研究性学习的现代教育旅游活动。尽管期间对此类活动仍有称为修学旅游，例如山东曲阜的"孔子修学旅游节"，但其性质与近代修学旅游比较已有本质区别。21 世纪伊始，教育部等相关部委陆续发布并实施研学旅游相关政策。2004 年《关于进一步加强和改进未成年人思想道德建设的若干意见》要求"组织夏令营、冬令营、革命圣地游、红色旅游、绿色旅游……教育未成年人"，这标志着旅游的教育意义得到重视；2013 年河北省等10 地开展中小学生研学旅游试点，研学旅游进入局部试点阶段；2016 年《关于推进中小学生研学旅行的意见》将研学旅游纳入中小学教育教学计划，研学旅游进入全面实施阶段。根据原国家旅游局颁布的《研学旅行服务规范》，研学旅游是以中小学生为主体对象，以集体旅行生活为载体，以提升学生素质为教学目的，依托旅游吸引物等社会资源，进行体验式教育和研究性学习的一种教育旅游活动，集体性、体验性和教育性是其本质特征。

游学、修学旅游、研学旅游等概念反映了我国研学旅游的发展历程及思想演变。我国研学旅游经历了从古代游学到近代修学、现代研学的演变，在不同历史背景下，其目的及性质不尽相同。古代游学多是个体自发的功利行为，近代修学旅游是仁人志士的救国存亡运动，现代研学旅游是素质培养的教育旅游活动。研学旅游的历史与思想演变为当下我国研学旅游实践提供启示。一是注重个体价值实现与经济社会发展的结合。研学旅游既要满足个体素质提升的需要，也要兼顾对旅游业、教育事业以及经济社会整体发展的作用。二是市场主导与政府引导相结合。研学旅游是旅游业转型升级、经济社会发展的必然趋势，政府要进行规范引导，保证研学旅游经济有序发展。三是大力开发各类社会资源，完善相关基础设施建设。图书馆、博物馆、科技馆及国家公园等各类自然保护地都是潜在的研学旅游目的地，应完善相关基础设施，丰富研学旅游目的地类型，满足各类研学旅游主体的多样化需求。

（二）中国研学旅行的政策环境

从 2004 年开始，教育部等相关部委陆续发布研学旅行的相关政策，见表 3-2，结合研学旅行相关政策，可将我国研学旅行发展划分为酝酿准备、局部试点和全面实施三个阶段。

表 3-2　我国研学旅行相关政策

发布时间（年）	发布单位	文件名称	相关政策内容
2004	中共中央、国务院	《关于进一步加强和改进未成年人思想道德建设的若干意见》	组织夏令营、冬令营等教育未成年人
2012	教育部、外交部等	《关于进一步加强对中小学生出国参加夏（冬）令营等有关活动管理的通知》	保障中小学生出国参加夏（冬）令营等有关活动健康有序安全进行
2013	教育部	《关于开展中小学生研学旅行试点工作的函》	规定研学旅行活动范围、时间、形式等内容，并在河北省等 10 地进行研学旅行试点
2013	国务院办公厅	《国民旅游休闲纲要（2013—2020年）》	"逐步推行中小学生研学旅行""鼓励学校组织寓教于游的课外实践活动，健全学校旅游责任保险制度"
2014	国务院办公厅	《关于促进旅游业改革发展的若干意见》	建立小学阶段以乡土乡情、初中阶段以县情市情、高中阶段以省情国情研学为主的研学旅行体系
2014	教育部	《中小学学生赴境外研学旅行活动指南（试行）》	对中小学生寒暑期赴境外"游学"团体的教学内容、时空跨度和安全责任机制等作了规定
2015	国务院办公厅	《关于进一步促进旅游投资和消费的若干意见》	支持研学旅行发展。把研学旅行纳入学生综合素质教育范畴
2016	教育部等	《关于推进中小学生研学旅行的意见》	将研学旅行纳入中小学教育教学计划，加强研学旅行基地建设，建立安全责任体系

（续）

时间	公布单位	文件名称	相关政策内容
2016	国家旅游局	《关于公布首批"中国研学旅游目的地"和"全国研学旅游示范基地"的通知》	授予10个城市及地区"中国研学旅游目的地"称号，授予20家单位"全国研学旅游示范基地"称号
2017	国家旅游局	《研学旅行服务规范》	对研学旅游服务提供方、人员配置、产品、服务项目以及安全管理等内容进行详细规定
2017	教育部办公厅	《关于公布第一批全国中小学生研学实践教育基地、营地名单的通知》	命名204个单位为"全国中小学生研学实践教育基地"，14个单位为"全国中小学生研学实践教育营地"
2018	教育部	《关于公布2018年全国中小学生研学实践教育基地、营地名单的通知》	命名377个单位为"全国中小学生研学实践教育基地"，26个单位为"全国中小学生研学实践教育营地"

资料来源：根据我国相关政策文件整理而得。

1. 酝酿准备阶段（2013年以前）

新中国成立以来，不同社会发展时期对教育有不同的要求，很多学校组织了各类夏令营、红色旅游、地质生物考察等带有研学性质的活动；改革开放以后，不少国外"修学旅行团"来华研学旅游，国内旅行社相应成立"修学旅行"接待部门。外来的研学旅游思想理念对我国产生影响，国内研学旅游逐渐兴起。2004年，《关于进一步加强和改进未成年人思想道德建设的若干意见》中指出，通过组织夏令营、红色旅游等活动教育未成年人。这标志着旅游的教育意义被重新认识。2006年，我国第一个研学旅游节庆活动"首届孔子修学旅行节"在曲阜成功举办，其他地区也相继打造"修学旅行"品牌。2012年，教育部、外交部等发布《关于进一步加强对中小学生出国参加夏（冬）令营等有关活动管理的通知》，保障中小学生出国参加夏（冬）令营等有关活动健康有序安全开展，维护学生研学旅游利益。

2. 局部试点阶段（2013—2016年）

2013年，教育部发布《关于开展中小学生研学旅行试点工作的函》，规定研学旅行活动范围、时间、形式等内容，并在河北省等10地进行试点，我国研学旅行进入局部试点阶段。同期，国务院办公厅在《国民旅游休闲纲要（2013—2020年）》及2015年的《关于进一步促进旅游投资和消费的若干意见》中明确提出支持中小学生研学旅行发展，把研学旅行纳入学生综合素质教育范畴，并按照全面实施素质教育的要求建立研学旅行体系。在相关政策支持及市场需求激发下，"中国课程化研学旅行联盟""内地游学联盟大会"等产业联盟相继成立，进一步促进了我国研学旅游发展。

3. 全面实施阶段（2016年至今）

2016年，在国外经验借鉴、国内试点实验及广泛意见征求的基础上，教育部等

11 个部门联合发布《关于推进中小学生研学旅行的意见》，提出将研学旅行纳入中小学教育教学计划，这标志着我国研学旅行进入全面实施阶段。2017 年，国家旅游局发布《研学旅行服务规范》，对研学旅游服务提供方、人员配置、产品、服务项目以及安全管理等内容进行详细规定，并公布首批"中国研学旅游目的地"和"全国研学旅游示范基地"；教育部陆续公布两批全国中小学生研学实践教育基地、营地名单，助推研学旅游在全国范围的全面推广。

第三节　自然教育与研学旅行的联系与发展

党的十九届四中全会指出，"生态文明建设是关系中华民族永续发展的千年大计"，生态文明教育是践行生态文明建设的重要手段，自然教育作为研学中的一部分，在培养学生生态理念、践行绿色行为方面发挥着重要的作用。在自然教育与研学和生态文明的关系上，笔者认为自然教育是研学旅行实践育人的有效途径，也是生态文明教育的重要方式。那么，自然教育与研学之间有什么联系呢？是否可以将自然教育与研学旅行结合在一起，开展自然研学旅行呢？

自然教育，是以自然环境为背景，以人类为媒介，利用科学有效的方法，使青少年融入大自然，通过系统的手段，实现儿童对自然信息的有效采集、整理、编织，形成社会生活有效逻辑思维的教育过程。自然教育就是要让孩子回到自然中去，重新亲近大地，带领他们在大自然里做游戏，去体验人与人、人与自然以及自然本身原来应有的和谐与平衡，去感受大自然的奥妙与完美，从而学会欣赏自然、尊重生命以及开发想象力。自然教育是解决如何按照天性培养孩子，如何释放孩子潜在能量，如何在适龄阶段培养孩子的自立、自强、自信、自理等综合素养的均衡发展的完整方案，解决儿童培养过程中的所有个性化问题，培养面向一生的优质生存能力、培养生活的强者。

研学旅行是研究性学习和旅行体验相结合，学生集体参加的有组织、有计划、有目的的校外参观体验实践活动。研学要以年级或班级为单位进行集体活动，在老师或者辅导员的带领下，确定主题，以课程为目标，以动手做、做中学的形式，共同体验。研学旅行是由学校根据区域特色、学生年龄特点和各学科教学内容的需要，组织学生通过集体旅行、集中食宿的方式走出校园，在与平常不同的生活中拓宽视野、丰富知识，加深与自然和文化的亲近感，增加对集体生活方式和社会公共道德的体验。

笔者认为，相对于自然教育，研学旅行的"学"更具有目的性，以教授知识为主，将课堂知识融入社会环境中，旨在提升中小学生的自理能力、创新精神和实践能力。研学旅行更加注重教育功能而非享乐体验，但自然教育并不是教书育人，而是通过场景体验培育心灵，以有吸引力的方式，引导孩子在自然中体验、感受、思考，更注重情感的启迪和提升，希望孩子在自然中"自然而然"地培养"身、心、灵、情、智"。很多人理解自然教育是让孩子"在大自然中接受教育"。这种理解并没有错，只是非常狭义。在广义上，自然不是大自然，而是"自然而然"，自然教育是指让青少年通过欣赏、感知和了解自然，从中获得感触和启发，进而提高关爱自然、保护自然意识的一种教育方式。

自然教育的价值是实现研学旅行目标的前提。深圳市红树林湿地保护基金会2015年发布的《城市中的孩子与自然亲密度的调研报告》显示，我国16.33%的孩子有"自然缺失症"倾向，具体表现为自然知识缺乏、肥胖、注意力紊乱、创造力下降、抑郁等问题。自然教育能够激发中小学生对自然事物的思考和探究，培养其洞察力、想象力和创造力，促进身心健康；自然教育也是激发中小学生爱国热情最自然的方式。孩子们在自然教育中获得的体验和乐趣，会潜移默化地转化为对这片土地的热爱。

2016年11月，教育部等11部门印发《关于推进中小学生研学旅行的意见》强调，各地要依托自然和文化遗产资源等建设研学旅行基地，根据育人目标，有针对性地开发自然教育类等多种类型的活动课程。由此可见，利用自然资源开展教育教学也是中小学生研学旅行的重要内容。由此我们可以将自然教育研学旅行理解为以自然教育为载体，依托自然环境资源开展的中小学生研学旅行。除了具有一般研学旅行的特征外，还突出了自然教育内涵，学生在本真的自然环境中通过沉浸体验、研学教育、合作探讨等形式学习成长，提高综合素质。

接下来将从自然教育视角去探讨自然教育研学旅行的目的与意义，总结部分中小学试点开展自然教育研学旅行的成果，从研学资源、实施途径、课程化建构方面分析开展自然教育研学旅行的策略，希望能对提高和丰富中小学生研学旅行的效果与内容有所帮助。

一、自然教育研学旅行的目的

（1）培养学生绿色环保理念。自然教育研学旅行依托自然资源认知自然环境，有利于让学生在自然环境中树立尊重自然、爱护自然的理念，在生态环境中培养自然感情，感知自然生命力，增强文明旅游意识，达到与自然和谐相处的目的。

（2）健全学生人格，促进身心全面发展。自然教育研学旅行使学生走出教室，密切联系生活，在自然环境中认识自我、认识社会，学会生存生活，发展学生主体性和塑造健全人格，最终实现学生身心全面发展。当前电子产品充斥着少年儿童的生活空间，使之过多在虚拟世界中获取认知。自然研学旅行则利用自然进行教育活动，有利于学生返璞归真，回归自然。

（3）实现立德树人的教育目标。在活动中让学生们亲近自然、感知自然，欣赏大自然的魅力，从而激发学生热爱生命、爱护自然、敬畏自然的意识，促进学生形成可持续发展理念，也是对课堂教育教学良性的补充。

二、自然教育研学旅行的实施

（一）自然教育研学旅行的场景

自然教育研学旅行的开展需要依托各类活动场景。近年来，自然教育研学旅行打破了游览观赏的单一形式，创设出更多的场景体验活动，主要依托研学旅行基地、旅游景点开展，同时也涌现了一批营地教育项目，使形式与项目更为丰富。

（1）自然教育研学旅行基地。各资源单位根据自身的自然资源特色，研发研学旅行的学习材料，合理有效运用乡、市、省、国特色自然资源，积极建设和打造富有地域特点的自然教育研学基地。

（2）常规自然旅游景区。自然景区是自然教育研学旅行目的地的最佳选择之一，自然景区条件较为成熟，有着自身独有的自然文化资源，比如一些森林公园、风景名胜景点等，能够直接依托景区的建设，设计自然教育研学活动项目。

（3）自然教育研学旅行营地。目前我国营地建设从国家级到省、市、县都有较大发展。以当前较大的 40 家国家级研学实践教育营地为例，运营模式以公建公办为主，兼顾公建民营与公私合作，但不同地域之间的营地基础条件差异也较大，利用自然资源开展的营地实践会受到地域限制。

（二）自然教育研学旅行的实施路径

随着研学旅行的逐步深入开展，学校、教育部门、旅行社等都在不断进行探索，不断积累工作经验，不同的研学内容与实施路径有着不同的组织机制与方案。

（1）单位联合机制。单位联合机制即拥有自然资源的单位与教育单位相结合，由自然资源单位提供研学场地、做好接待，教育单位依据资源情况设计适宜的研学活动方案，即开展自然研学的主题、目标、内容、评价等。

（2）学校自行组织。学校自行组织的路径，除了自制研学旅行方案，还需由学校自行选择自然目的地，安排研学行程，安排交通住宿。由学校主导研学路线，自行开展活动。

（三）自然教育研学旅行的课程化建构

自然教育研学旅行需有课程体系支撑才能持续发展，将自然研学活动课程化，更有利于实现研学教育的目标与价值。

（1）结合学习学科的研学课程。结合当前课程改革背景，学校将研学旅行融入学科综合实践课程中，设计出包括研学地的选择、活动准备、过程设计、总结评价等具体可行的研学旅行方案。

（2）基于自然地域特色的研学课程。由具有丰富自然资源的单位与学校共同构建研发中心，探索研学课程，创设研学主题，精编教材，高效、科学地进行课程开发，推进地方特色自然研学课程形成。

（3）依托自然教育营地的研学课程。目前，国内研学营地课程开发还处于探索阶段，大部分营地实施"3+2"或"2+3"模式，即用5天时间开展"综合实践活动+研学旅行"。自然教育营地在发展中逐步走向规范化，营地工作者在实施过程中要不断创新，提供内容更加丰富多彩与特色更加鲜明的研学课程。

三、自然教育研学旅行的创新策略

（一）构建云端研学平台

互联网技术的发展，给研学旅行提供了更多的契机，云端自然教育研学旅行快速发展。利用互联网进行远程的自然体验，可以实现研学资源的跨市、跨省、跨国连接。突破局限，拓宽视野，探索更多的国内外自然资源，特别是对于偏远地区学校，可节省人力、物力、财力，亦可减少线下研学旅行途中不可避免的对自然资源的损坏。通过构建开放共享的云端平台，如网络直播、录播等创新研学方式，可以进行在线自然研学旅行。有效连接学校与自然保护区、自然研学营地等组织机构和教育机构，实现信息互通共享，方便需求与供给的有效对接。

（二）整合各类特色研学资源

我国地大物博，每个地区都有各自的自然特色，将各省、市、县、乡等资源整合，同时与"五育"融合，并结合不同学习理论与内容，统筹协调，可以实现资源的有效利用。

（1）利用基地特色资源。各自然基地根据自然保护区、自然公园、自然景区等不同类型的自然资源特点，打造主题鲜明的研学示范基地。或按照不同教育目的，打造成各具特色、主题鲜明的自然教育研学基地，最终建设出一批优质示范基地。

（2）改造乡村特色资源。利用乡村自然资源，融入自然教育，厚植本土研学特色。地处偏僻的地区，积极利用其自身自然文化资源，深挖地方文化并加以改造，开展县域乡村互助，如开展学生走访历史名村、红色乡村。建设德育庄园，设立劳动教育项目，弥补乡村学校研学旅行活动资金短缺及措施不完善的短板。

（3）结合各类学科教学资源。自然教育研学旅行的内容不仅是自然环境，同时也会涉及德、智、体、美、劳等学科领域；用开放的眼光去汇集研学内容，除了一般性的自然文化资源，同时融合数、理、化、史、地、生等学科领域资源，使自然研学旅行内容更加丰富多样和有深度。

（三）培养自然教育研学旅行专业导师人才

自然研学旅行涉及的相关专业知识较为广泛，除教育、旅游知识外，农林学、心理学、管理学、经济学等相关知识也会对活动的开展有益。目前研学旅行导师专业化还不够强，有些研学导师缺乏应用相关专业知识、引导学生的能力，以及组织活动、协调运行、保障实施等方面的能力。高校在培养专业人才时要将相关课程知识相互融合，这样能够更加符合研学旅行市场人才的需求。相关单位要搭建人才培养和交流平台。建立研学旅行专家库，成立自然教育联盟，为高校和行业机构搭建合作交流平台。利用高校平台，让专业教授开展理论培训课程，并颁发结业证书等，让研学导师有学习的平台与途径，逐渐形成骨干专家与有专业认证的志愿者相结合的研学导师队伍。

四、自然教育研学旅行的课程实施

卢梭是法国著名的哲学家和教育家，他的专著《爱弥儿》以一个假想人物爱弥儿的成长历程为线索，从自然人性的观点出发，倡导教育要崇尚自然，发挥天性，切实培育"自然人"。卢梭所指的"自然"包含两个方面的含义：遵循人的自然状态，即人的身心发展规律；回归大自然，发挥自然环境的育人功能。

开展自然教育研学旅行活动，我们在进行课程设计时不能仅仅局限于其中某一方面，而应该综合考虑自然教育与研学旅行共有的特性。

（1）教育性。这种教育方式就是把教育的场所由封闭的学校引向开放的大自然，让受教育者能够观察、认识并体验大自然中的一切，这种教育方式是灵活的，也是符合儿童身心特点的。作为课程，研学和自然教育都有明确的课程目标、课程内容、课程结果。研学课程应有不同学段、不同时期、不同地区的具体的课程目标。

（2）综合性。我们的校内课程分为语数外、物化生等不同学科，课程之间往往互不关联，这样就把本来完整的知识四分五裂，学生学到的知识也是碎片化的，我们通过研学和自然教育，将学生从校内引到大自然中，去探索去发现，自然教育与不同学科的融合，能打破专业和学科的限制，锻炼学生的全方位的能力和素养。

（3）实践性。研学切忌沿用校内课堂教学的说教和单调讲解方式，应多以启发、引导、互动为主，自然教育通过打开五感，充分调动"视听触味嗅"，让孩子达成一种全身心的体验和学习。

（4）评价多元性。既要评价学生学习发展的一面，也要评价学生的动机、兴趣、情感、态度、意志、性格等非智力因素作用的一面。自然教育对学生、老师都有相应的专业评价体系。

结合卢梭的自然教育思想，在组织任何一场自然研学旅行时，我们应该将以上四个方面考虑在内，以确保此次自然研学旅行的高质量开展。

第四章　活动设计与实施

无论是自然教育活动，还是研学旅行活动，在开展任何一项活动之前都需要对该活动进行组织和安排，同时还需要在活动过程中进行课程设计。那么，此类活动我们应该如何设计？又该如何实施呢？

第一节　活动设计与实施流程

一、"心流学习法"设计与实施流程

"心流学习法"来自一本经典的书《与孩子共享自然》，作者是著名的自然教育家约瑟夫·克奈尔，他将自己对自然敏锐的感悟力和热爱之情，倾注在了户外教育活动中，以游戏的方式把孩子们带进了奇妙的大自然，体验自然的纯美，共同分享自然的乐趣。约瑟夫将户外学习活动的流程分为唤醒热情、培养专注力、直接体验和分享感悟四个阶段，并且每个阶段都赋予了一种代表性动物。按照"心流学习法"流程开展活动，有助于参与者由浅入深地体验和感受自然。

第一阶段：唤醒热情

代表动物是水獭，表示活力、玩耍、激发热情。水獭整天都在嬉戏，是唯一长大后依然玩个不停的动物，它是野趣洋溢的自然化身。

这个阶段可以进行一些破冰和热身游戏，吸引孩子们的注意力，调动他们的兴趣，让孩子们自愿积极加入活动中。这一阶段的特点是好玩而机敏。优点是基于儿童爱玩的天性，营造出热情的氛围，运用活力四射的开头提供指导和架构，让人人都无法拒绝参与，使人更加敏锐，克服被动情绪，集中注意力，充满活力。

第二阶段：培养专注力

代表动物是乌鸦，表示活泼、观察、直接体验。乌鸦是极为机警、聪明的淘气包，总是敏锐地观察事物的变化。

这个阶段可以开展一些科普类活动或者讲解知识性的东西，让参与者进行一些思考的活动，更有益于培养大家的专注力。这一阶段的特点是加强感受力。优点是扩大注意力范围，通过集中注意力来加深意识，积极引导第一阶段产生的热情，锻炼观察力，平静内心，集中注意力，为后阶段更为直接的体验作过渡准备。

第三阶段：直接体验

代表动物是熊，表示安静、沉思、集中精力。熊是非常小心的动物，过着平静的独居生活，它们的特质使之成为深度体验自然的最佳代表。

这个阶段是占据最大部分时间的环节，可以是观察、讲解、引导和探索，调动全身感官融入自然，去聆听、去接触、去体会、去感受。这一阶段的特点是全神贯注。个人探索是最好的学习方式。它为参与者提供体验式的、直观的理解，培养敬畏感、推己及人的共同感以及爱的能力。

第四阶段：分享感悟

代表动物是海豚，表示反映、分享、感悟情感。海豚是群居的、无私的动物。它们互相合作，彼此关心，并表现出对其他生命的关注。海豚生动形象地表达了分享与助人的优秀品质。

参与者会在回顾与分享时厘清思路，复习知识和技能，觉察到自己内心的收获，并加深对团队协作的认识。这一阶段的特点是展现理想主义。优点是增强个人体验感受，使之更为清晰明确；引用模范，增强团队凝聚力；鼓励组员分享灵感与感受，为自然教育导师提供反馈。

按顺序玩这些游戏效果会更好。比如，开始可以玩有意思的水獭游戏，引起孩子们的兴趣；接着进行乌鸦游戏，帮助孩子集中注意力；当孩子们都聚精会神的时候，他们能够更敏锐地体验熊游戏；海豚游戏将是一个完美的结尾，因为这样可以鼓励所有的孩子分享彼此的感受。

案例：自然教育课程《读懂树的"年轮"》

为了让读者更好地理解如何运用"心流学习法"对活动内容进行设计，我们以针对一至三年级的自然教育课程"读懂树的'年轮'"为例。

自然教育课程：读懂树的"年轮"

课程领域：植物认知、科学探索

建议时长：2 小时

活动地点：室内或室外均可

课程概述：树在孩子眼里只是些实物，许多小朋友不知道怎样了解树的年龄。此次活动旨在让孩子们对树年轮有正确认识，了解树年轮的特征、用途，激发孩子们对植物和科学的探索欲望。

课程目标：

（1）对树木年轮产生兴趣；

（2）了解年轮作用及形成；

（3）培养观察力、专注力和想象力；

（4）激发小朋友对科学活动和探索自然的兴趣。

课前准备：

（1）活动物资：树段、放大镜、水粉、铅笔；

（2）教学物资：投影仪、年轮生成的课件、《祝你生日快乐》的音频。

课程流程：

第一阶段（唤醒热情）——抱抱团小游戏

将预先准备好的树木横切面分发给每个小朋友，让他们数自己手中的树干有多少个圈圈，倒计时，让他们圈圈数量一样多的小朋友抱在一起，抱错团的小朋友要受到一点惩罚，从而完成课堂分组。

第二阶段（培养专注力）

（1）探索观察树干外部特征。

每人发放一段树干。

"看一看：树干长什么模样？"

"摸一摸：树干摸上去有什么感觉？"

"闻一闻：树干是什么味道？"

请同学们和身边的人交换树干，观察并记录。

（2）选择年轮清晰的树干若干，通过实物或者投影仪（室内）方式集体观察，探索年轮的特征。

教师把年轮清晰的树干放到投影仪上。

"这一圈一圈的图案像什么？"

"它叫什么名字？"

"年轮有什么作用？"

"年轮怎样数？"

（3）年轮是怎样形成的？

教师出示泡沫："树干是由细胞构成的，就像泡沫，每一个豆豆就是一个细胞，它们挤在一起，就形成了树干。"

教师粘贴不同颜色的泡沫豆豆："春天来了，天暖和了，细胞们分裂得多，颜色就浅，长得宽；冬天来了，天冷了，营养少，细胞们就分裂得少，颜色就深，长得也窄。就这样一年又一年就形成了年轮。"

观看年轮生成的课件。

（4）智慧小问答。

问：通过对树木年轮的观察，对树木的生命有没有一些了解？

答：树木的每一圈年轮代表树木增长了一岁。

问：你们手中的树木几岁了呢？

答：小朋友们根据自己的树木上的圆圈作答，有几圈就大致说明这棵大树有几岁。

问：你们手中的树木截面上的年轮疏密有区别吗？

答：树木一侧的年轮比较稀疏，另一侧比较密集。

问：你们知道为什么同一段树木的年轮疏密程度不同的原因吗？

答：我国在北半球，由于日照偏南方的缘故，树木的年轮往往"南疏北密"。

第三阶段（直接体验）

（1）偷看树木的秘密日记。

为了观察年轮，人们可以用一种专用的钻具（树木生长锥），从树皮直接钻入树心，然后取出一长条来，上面就有全部的年轮。如此一来，不用砍倒树木，就可以知道树木的年龄，进而为科学家提供了研究的材料。

（2）给大树送礼物。

给每个小朋友分发一袋提前准备好的画画工具。小朋友们确定好自己的树片年龄后，找到和自己的小树片树龄一样的小朋友，坐成一桌，一起来给它们过生日。这时，小朋友们可以拿出画图工具，在自己的小木片上画上喜欢的图案，全部画完后，一起对自己的木片说生日快乐，然后跟着音频唱生日歌。

第四阶段（分享启发）——竞答有奖

对本次课程的相关知识进行随堂小测试，为了充分调动小朋友们的积极性，采用竞答的形式，提问相关知识或内容，对回答正确的小朋友给予一定奖励。

课后总结：年轮能告诉我们什么？

（1）看方向：大树的年轮有宽有窄，年轮宽且稀疏的一面，表明大树长势好，朝向阳面即南面；年轮窄且较密的一面，表明大树长势差，朝向阴面即北面。

（2）看岁数：一个年轮就是大树一年的生长量，我们可以通过查看年轮的数量，来判断树龄。但是如果某一年的气温骤降，而后气温又回升，那这一年很可能出现两个年轮。

（3）看气候：大树的年轮有宽有窄，如果一棵大树出现了很多窄的年轮，又突然出现了一个很宽的年轮，说明刚开始当地的环境气候条件较差，树木生长缓慢，后来气候适宜了，树木生长迅速，出现了一个很宽的年轮。

二、"七步走"设计与实施流程

世界自然基金会（WWF）中国环境教育项目在《我的野生动物朋友——旗舰物种环境教育课程》一书中，推荐了"七步走"教学法，对于我们进行活动或者课程设计时具有很重要的参考意义。"七步走"教学法包括对课程或者活动主题的引入、构建、实践、分享、总结、评估、拓展七个连续的过程。

①引入。引入的目的是建立教育者和学习者之间的联系，调动氛围和情绪。此阶段多采用热身游戏、问答等方式进行。通常将时间控制在5~10分钟。

②构建。借助图片、影像、实物等介绍课程涉及的基础知识和技术方法框架，并通过提问的方式来引导学习者理解内容，但不过多地展开和讨论。时间在10分钟左右。

③实践。设计一项供学习者参与的任务，通常以小组为单位开展，鼓励小组间成员的合作。实践环节的目的在于帮助学习者进一步理解和内化知识，激发自我思考，建立知识和现实环境问题的联系，并获得相关的技能方法。此环节通常是整个活动的重点，耗时较长，活动时间可由教育者视任务量而定。

④分享。学习者分享活动中的理解、反思或者质疑，教育者则进行适当的点评和建议。时间控制在10~20分钟。

⑤总结。主要由教育者引导，对整个课程进行回顾，重点是对核心知识和后续实践的强调，鼓励将学习内容转化成行动。耗时为5~10分钟。

⑥评估。评估可分成两种。一种是活动过程中和活动结束后的过程性评估，用于帮助教育者了解学习者对课程的期待、学习者的知识和技能基础，以及在课程进行过程中学习者对课程内容的掌握情况。另一种是教学活动后的终结性评估，用于了解教学成效。

⑦拓展。在课程学习之后如何进一步巩固和优化，通常需要在广度和深度上予以考虑。

三、"项目式学习方法"设计与实施流程

项目式学习是在真实情境中学生围绕一定的主题，在教师精心设计任务的基础上开展较长时间的开放性探究活动，最终实现有意义的知识建构和提高自身能力的一种新型教学模式。项目式学习的一般流程包括头脑风暴、发现问题、分析问题、学习讨论、解决问题、回顾整合、评价并提出新问题。在这里将其划分为三个阶段进行活动的设计，即确定课程目标和明确驱动问题、协同合作并寻找解决措施、成果展示和总结评价的三阶段实施程序。

第一阶段：确定课程目标和明确驱动问题

课程目标事关自然教育研学旅行的全过程、全环节以及任务的达成，因此在开展自然教育研学旅行活动时必须首先确定好准确的课程目标。课程目标的设立应当在学科核心知识和具体情境的基础上设定，设定时要具体，要有操作性，要体现认知梯度，突出学科特点，驱动问题可以来源于真实问题、生活问题、学科内容、挑战问题、研学情境等。

第二阶段：协同合作并寻找解决措施

驱动问题的解决需要小组协同合作，寻找解决方案，这个过程需要教师提前进

行预设。参与者在解决"大问题"的过程中会不断衍生出新的"小问题"即"次级驱动问题"。参与者要在教师的指导下,通过对"次级驱动问题"的解决不断深化对"核心驱动问题"的认识与理解,实现项目的解决,最终习得学科知识、技能。在解决项目问题时,教师应当给予学生充分的展示空间,允许学生利用新技术手段和采用角色扮演等丰富多样的形式。

第三阶段:成果展示和总结评价

自然教育研学评价必须做到及时预设,及时告知,立足活动全过程,提前制定好评价量表。构建活动过程表现性评价体系,包括活动过程中的知识与技能、过程与方法以及情感、态度和价值观的整合,对参与者进行多方面、深层次的评价。因此,在活动过程中,教师必须重视参与者在研学过程中的表现行为,避免过度重视终结性评价。提前构建好表现性评价体系,同时要关注学生个体差异,重视学生学习、认知过程的独特性,重视学生参与自然教育研学活动的主动性、积极性与创造性。

案例:中学生实践活动"水质检测及自制净水器"设计

为了让读者更好地理解如何通过项目式学习方法对活动内容进行设计和实施,我们以针对中学生的"水质检测及自制净水器"实践活动设计为例。

1. 确定课程目标和明确驱动问题

"水质检测及自制净水器"是针对人类饮水安全、水的净化问题而设计的。水质检测是利用相关仪器和技术确定待测水中污染物的成分、浓度及其变化趋势,进而综合评价水质状况的手段;自制净水器需结合物质分离探究活动的一般思路和方法,利用吸附、过滤等净化水的常用方法,结合水的使用需求以及自来水厂生产工艺和物质分离原理,选择合适的技术与工程方法制作产品,分析水质情况。基于此,设计了"分析净水原因""制作净水装置""了解水质检测手段"等研学任务。学生在解决问题的过程中,通过对自然界中水的存在、水资源现状的讨论,认识到水质检测、水净化的重要性和必要性,形成保护和节约水资源的可持续发展意识和社会责任;通过简易净水器的制作、改进与展示,了解沉降、吸附、过滤、蒸馏是净化水的常用方法;通过对净水效果的观察、检测与分析,体会对比试验的设计和控制变量的方法。

2. 协同合作并寻找解决措施

(1)首先以小组为单位,围绕"水"进行信息检索,了解自然界中水的存在、水资源现状,初步了解净水的原因、自来水厂净水过程或具体净水方法,了解水质检测的主要指标和方法。

(2)小组汇报,从多个角度分析"水",了解水资源的重要性、水资源的现状、水治理的重要举措及个人行为，了解水污染及其危害，明确净水原因，讨论水质检测的意义。

（3）师生共同讨论如何净水，结合自然界中的水中所含物质和水质检测标准明确从自然界中的水到生活饮用水需去除的物质，以自来水厂净水过程为例，分析净水步骤、作用及物质的组成、状态的变化。

（4）小组分工合作，绘制简易净水器设计图，动手制作简易净水器。

3. 成果展示和总结评价

小组展示自制净水器产品，并阐述设计思路。以小组为单位，进行自制净水器净水比赛，从水的澄清程度、颜色、流速、水回收率等进行衡量，通过小组间的自制净水器进行对比，反思和总结本小组净水器的不足，并思考改进措施。

四、体验式与传授式相结合的设计与实施流程

自然教育课程主要有体验式和传授式两种不同的教学方法。体验式教学邀请参与者通过不同的形式去体验和尝试，然后引导他们充分思考和讨论，分享感想和收获，最终达到课程目标。在此过程中，参与者可以加深对间接经验的理解，并将其纳入自己专属的知识体系中。传授式教学则多是用自然观察、自然解说等形式来开展。作为大自然的"译者"，自然教育导师将自己已有的知识、经验传授给参与者，让他们根据解说内容去体验和了解大自然，思考关系，从而实现教学目标。

用体验式和传授式两种方式进行教学时，所设定的教学目标通常有不同的侧重点。体验式教学多通过知觉目标、态度目标促使行动目标的达成；传授式教学多通过知识目标、技能目标促使行动目标的达成，但二者最终都是为了引导友善地球的行动。对于课程设计者来说，应该依照最初设定的目标和自然教育导师的能力来选择合适的教学方法。当然，我们可以将这两种教学方式结合进行自然教育研学旅行活动设计，设计的流程主要有以下几个步骤：

第一，了解自然教育研学旅行线路资源。在户外开展任何一场活动之前，提前了解研学地的资源是至关重要的，这既是进行课程设计的依据，也是知识点的来源，同时也能够进行一定的安全预警。

第二，让参与者明确此次活动的学习目标。这个可以从参与者的知识技能目标、行为态度目标以及正确树立人生价值观等方面来考虑。只有让参与者明确自己的学习目标，才可能保证参与者服从活动安排以及参与活动。

第三，活动所涉及的知识点有哪些。在开展活动之前，就需要明确好此次活动可能会涉及的知识点，并提前做好准备。

第四，在游戏中巧妙融入知识点。自然教育研学旅行活动中的游戏应该是在好玩中也有参与者思考的融入，此过程自然教育导师的引导是极其重要的，需要在游戏中引导参与者回忆之前所了解的内容，另外游戏的设计还应当与周边环境或者活

动主题契合。

第五，进行总结与成果展示。活动总结与成果展示虽然是活动结束时才能进行的一个环节，但是这也需要活动策划者在前期就将此环节列入活动设计中。比如进行成果展示，你需要参与者展示什么，怎么展示等都应该是提前设计好的，只有提前设想好这些环节，才能够在开展活动过程中更具有针对性。

案例：主题为"云南科普自然行"的研学旅行

为了让读者更好地理解如何通过体验式与传授式相结合的学习方法对活动内容进行设计和实施，我们以所开展的主题为"云南科普自然行"的研学旅行完整的流程为例。

内容简介：当前，各地都在倡导减负，但学业减负越减越重，素质教育越教越偏离，2018年2月"史上最严减负令"指出严禁校外培训机构"超纲教学""提前教学""强化应试"，严禁将校外培训机构培训结果与中小学校招生入学挂钩，中小学教师课上不讲、课后到校外培训机构讲等行为。然而许多教育专家纷纷表示'减负减的应该是重复、低效的机械训练负担'，要增加能够调动孩子积极思维、具有挑战与创造性的教育教学活动。

为了向广大中学生普及林业科学知识，减少"自然缺失症"的出现，拉近人与自然的距离，让学生从中获得感触与启发，从而提高关注林业、保护环境的意识，加快推进生态文明和美丽中国建设，特举行"云南科普自然行"活动。此次科普活动主要路线为：玉溪澄江帽天山古生物化石群—红河元阳哈尼梯田—红河屏边大围山自然保护区—建水古城—昆明石林景区。在整个科普活动中，学生将沿途考察学习，活动类型主要有解说学习型、五感体验型、手工创作型、场地实践型、拓展游戏型等。学生可通过户外助手App、植物识别App（花伴侣、形色等）辅助完成学习任务，主要利用户外助手App记录自己每天的位置、轨迹，添加兴趣点，利用植物识别App识别认知各种植物。活动开始时通过破冰仪式进行学生分组，活动结束后进行分享交流，以奖励的方式鼓励学生。风险管控贯穿整个活动，以避免风险发生。

每一站的具体活动内容具体如下：

开营仪式：破冰团建

带队老师组织大家按一定人数分组，并进行分组后的团队建设，确定组名和分工（组长、宣传委员、纪律委员、生活委员、学习委员），然后团队合作绘制海报。

课题1：寒武纪大爆发及进化论验证

距今5.3亿年前的"寒武纪"之初，多细胞动物在地球上突发性出现。除了低等植物藻类外，大量代表现生各个动物门类的动物同时出现，这对达尔文"渐变"的传统进化理论提出了严峻的挑战。在这里，我们将验证进化论正确与否，了解什么是化石，观察化石，了解古生物的生存环境和条件，亲自寻找化石。科普考察内容：了解云南省最深的高原淡水湖的形成原因；参观澄江化石地世界自然遗产地，参观帽天山化石博物馆，参观距今5.3亿年前早寒武纪时期的古生物化石；考察小滥田地质剖面（此剖面是申请世界自然遗产地的标准剖面），了解岩石的岩性及断层构造。通过各种游戏促进团队能力的提升。

课题2：干河谷及元阳梯田农业调研

元阳梯田位于云南省元阳县的哀牢山南部，是哈尼族人世世代代留下的杰作。元阳哈尼族开垦的梯田随山势地形变化，因地制宜，坡缓地大则开垦大田，坡陡地小则开垦小田，甚至沟边坎下石隙也开田。因而，梯田大者有数亩，小者仅有簸箕大，往往一坡就有成千上万亩。结合课程教材，对元阳梯田森林-村落-梯田-河谷四素同构的生态系统进行考察。

此外，近年来旅游业迅速发展，越来越多的自然景观、民族文化被人关注。在给当地带来经济效益的同时，这样的发展又产生了什么影响？通过让学生团队合作进行调研，了解旅游对于当地社区居民的影响，充分调动学生的主动性和参与性。先由老师进行理论知识的讲解。

老师理论讲解结束后，给各小组分配调研任务，同学们就分组朝着不同的方向，拿着问卷去找景区周边的社区居民，进行经济、民族文化传承情况调查以及旅游业对他们的影响调查。到达老虎嘴景区后，大家继续进行问卷调查，并进行对比分析。

从景区返回酒店后，同学们进行调研结果与感受的汇报，接着进行问答环节，最后由老师点评，投票评选出优秀小组，并赠予由老师亲笔签名的元阳哈尼梯田明信片。之后，进行鼓励圈游戏，小组成员相互进行评价，被评价人需站起来，由其他小组成员对其进行评价。

课题3：回归线的古生物沟谷探秘

"北回归线上的绿色明珠"依次分布着湿润雨林、季节雨林、山地苔藓常绿阔叶林，这里是我国大陆具有湿润雨林和热带山地森林垂直带系列最完整的地区。其森林覆盖率达76.3%，植被类型有"季风常绿阔叶林""山地苔藓常绿阔叶林""竹林""灌丛""木杉林"五个群落，属热带、亚热带雨林生态类型。这里的森林植被没有遭到大陆冰川的直接影响，保存了许多古老、珍稀、濒危且特有的动植物。

在屏边大围山自然保护区，科普考察内容主要有：通过手机APP识别或者导师讲解认识相关植物；观察了解大围山植被类型的垂直变化；了解土壤剖面，感受大围山气候的垂直地带性变化以及当地的苗族文化。以无痕山林理念为引导，将五感体验与动手创作相结合，让学生通过一种或多种感官来认识和感受自然，比如聆听森林鸟叫、触摸树皮等，并进行大自然笔记、树叶艺术创作、林木废弃物手工创作等，感受生态之美。

在当地植物学者李老师的引领下，同学们出发前往大围山保护区珍稀植物培育基地。步行 6 公里观察一路的植物后，到达云南珍稀植物苗种基地。这个一百多亩的植物基地收集保护了 500 多种珍稀植物，特别是兰花。中国科学院的蒋教授的专业讲解更是让同学们视野大开，给科考队员们播下了一颗保护植物的种子。

进入大围山国家公园，在海拔 78~2348 米的这片区域里，植物茂盛，山间小路崎岖湿滑。国家森林公园的李老师走到一处，教同学们进行植物认知。李老师讲解植物结束之后，张老师给同学们讲解了一些土壤的知识，重点讲解了土壤的形成过程（脱硅富铝化过程、生物积累过程、黏化过程、水耕熟化过程）以及土壤的分布规律。

晚上，王老师在酒店大厅给同学们讲解关于少数民族文化的知识，以加强同学们对少数民族的了解与沟通。王老师安排了学习任务：对比彝族、苗族以及哈尼族在建筑、服饰、饮食等方面的差异；了解彝族特色节日，如火把节、秘枝节的来历和习俗；分析彝族、苗族在饮食、服饰、建筑风格上的差异。讲解结束后，同学们开始完成绘图和分析。

课题 4：非物质文化遗产及城市变迁

"宋有青瓷、元有青花、明有粗陶、清有紫陶。"同学们走进建水古城，了解陶瓷文化，亲手烧制属于自己的孤品瓷器。完成的陶艺作品，还可带回家。陶瓷之美不是讲出来的，而是做出来的，认识中国，从"瓷"开始。

科普考察主要内容为：了解建水紫陶的发展历程，开展建水碗窑村调研，进行建水紫陶制作体验与名壶制作参观，开展老街改造的利弊调研。活动以手工创作型为主，手工创作紫陶。

同学们在临安饭店品尝当地特色米线、汽锅鸡，然后以小组为单位在老师的带领下进行"舌尖上的建水"调查，主要包括建水豆腐的生产、销售情况。在调研的路上，同学们参观游览了天君庙，还参观了文庙。

晚饭后在酒店的会议室，同学们就建水豆腐的调查结果进行展示，并谈了自己的认知感受。

在碗窑小学，由李师傅进行讲解，同学们了解紫陶的制作工艺、流程（泥料精选、搅拌洗泥、澄泥发酵、揉泥混合、拉坯成器、书法绘画、精雕阴刻、彩泥阳填、精准修坯、自然风干、火中取宝、打磨如镜），以及紫陶文化。建水紫陶有 900 多年历史，它采用"断简残贴"的艺术手法，呈现出"淡艳"的装饰效果，并运用无釉磨光工艺，将书法艺术与紫陶工艺完美地结合在一起。建水紫陶的造型、拉坯是整个制陶过程中的重要环节，因为同一种器型的典雅与媚俗、雄浑与小气，都源于拉坯时的微厘之差。同学们在这里自己动手制陶。

课题 5：地壳运动和喀斯特石林

石林，拥有世界上最奇特的喀斯特地貌，其中以"剑状喀斯特地形"的岩溶地貌为主要特色。这里在约 3 亿年前还是一片泽国，经过漫长的地质演变，终于形成了现今极为珍贵的地质遗迹。

在这里，我们将了解石林彝族村民族文化（建筑风格、生活方式、语言、服饰、饮食等），了解地表喀斯特地貌、石林成因以及喀斯特地貌地表典型表现。通过解说学习型的方式，借助导师的讲解，使学生获得知识和体验。先由老师进行理论知识的讲解，然后给同学们安排任务，以小组为单位开展活动。

理论知识学习后，每个组都安排老师陪同，以确保学员安全。每个小组分配 3 项任务：小组成员以及跟队老师一起和阿诗玛合影；找到石林喀斯特地貌几种特征并拍照记录；完成 3 个植被样方采样列表分析。

晚上，大家一起参加篝火晚会，感受彝族的火把节。

集队返回酒店后，开启社交课程，锻炼学员的倾听、对话等技能。然后，同学们开始手绘行程路线图，老师们也一直陪在旁边，耐心地给同学们做指导。

闭营仪式：总结分享

首先是成果展示，每个小组依据户外助手手绘了 7 天的科考地图，并且总结了自己在此次行程中的收获与感受。接着，根据各组投票评选的结果，评出了 10 名优秀营员，同时颁发自然达人证书；奖励了 2 个优秀小组，颁发优秀日志奖；随后，由教授老师们给每个队员颁发他们根据活动表现亲笔书写的评语卡。之后，给每个同学 10 分钟时间写一张感谢卡，写给自己要感谢的人。

第二节　活动设计原则

自然教育是以自然环境为基础，以推动人与自然和谐为核心，以参与体验为主要方式，引导人们认知和欣赏自然、理解和认同自然、尊重并保护自然，最终达到实现人的自我发展以及人与自然和谐共生的目的的教育。自然教育通常具有以下特征：

注重自然体验，即自然教育不是简单地将课堂搬到户外，而是一定要走到户外、走进自然，亲自体验、亲身感受。

强调向自然学习，汲取自然智慧，老师的教学方式应该是引导式、启发式和生成性的，而不是机械式、灌输式和替代性的。

强调人与自然关系，自然教育旨在通过教育活动帮助人们建立尊重和保护自然的价值理念和行为方式。

《中国学生发展核心素养》指出，学生发展核心素养综合表现为六大素养，分别是：人文底蕴、科学精神、学会学习、健康生活、责任担当、实践创新。其中的健康生活、责任担当和实践创新三项素养要求学生热爱并尊重自然，能够践行绿色生活方式，形成可持续发展理念等。

对于传统课堂的学科教学来说，教师在自上而下的课标指导下，依照统一的教学大纲和教学任务，开展本学科的课程教学和活动指导，并在学期末接受集中的教学质量考核。而自然教育没有课程标准，没有教学大纲，没有固定教材和教参，甚至没有专职教师。在自然教育过程中，真正的"老师"是自然万物，课堂则是自然环境。教师和学生是实施自然教育课程的共同主体，而教师是课程开发的主体。组织活动的"教师"的角色其实是教育活动中的引导者和看护者，他们在自然教育活动中与学生一起学习、共同成长，同时与自然万物彼此相融。

用杜威的话来说："只有在学习者面临'行动选择'的各个地方，通过精心设计的活动，我们才能增强学习者的社会责任感、创新精神和实践能力"。人与自然关系的一个重要维度就是支持自然保护的态度，教师不是直接告诉学生该如何做，而是帮助他们认清在自己所处的自然环境中，应该做出怎样的选择，如何做选择，以及考虑做出的选择可能带来的结果，学生将在此过程中逐步形成支持环境保护的理念和态度。自然教育不等同于自然通识教育，自然教育活动不是要求学生在活动中记住看到的植物和动物的名字，而是强调学生的"自主性、生成性"，学生在活动中获得的知识如果不能激发他们的求知欲，不能锻炼他们的思辨能力，不能引导他们的行动力，就是无效的简单知识输入。教师需要提前设计能够落地实施的自然教育活动方案，并能在实践中结合受众的情况进行有效指导。

为了确保自然教育活动的有效实施，进行自然教育活动设计时应该兼顾以下几个原则：

一、目标性原则

根据自然教育课程与教育功能的特点，活动设计要密切结合学生周围的自然、生活、社区。自然教育活动的目标之一在于引导学生在真实的自然环境中获得基于动觉、视觉和触觉的直接经验，对所处的自然现状产生更加真实强烈的感受，从而提高学生对自然、自我和社会的内在联系的整体认识；目标之二在于发展学生的创新能力、实践能力，培养社会责任感以及获得良好的个性品质。

二、整合性原则

自然教育课程应该以跨学科的方式设计和实施，对跨学科知识和教学法进行整合，以项目式学习的方式开展具体的课程活动。首先，基于自然科学的学科融合，让学生能够通过已掌握的科学知识去认识自然；其次，基于人文社科的学科融合，引导用已掌握的人文社科知识理解人与自然的关系。自然教育作为多学科融合的教育形式，还可以与研学、劳动教育、生态文明教育等有机结合。

三、实践性原则

自然教育是实践性很强的教育形式，旨在培养学生的实践能力和创新精神。

《中国学生发展核心素养》指出，学生发展核心素养分为三个方面，即文化基础、自主发展和社会参与，其中"社会参与"中的"责任担当"素养要求学生热爱并尊重自然，具有绿色生活方式和可持续发展理念及行动等。目前，自然教育基本以"实践活动"为主要形式，引导学生走进自然环境中，通过"调查""考察""探究""讨论""操作"等一系列活动，主动发现并解决问题，进而参与到尊重自然和保护自然的行动中。

四、生成性原则

由于参加自然教育活动的双方都是具有能动性的人，自然教育过程就受到很多因素影响，教学活动中会出现不同情况，就需要教师在多种可能性中做出选择，使新的状态不断生成，并影响下一步发展的过程。"生成"即生长、建构和形成。生成性原则需遵循的原则包括：强调以学生为中心，这要求在教学过程中充分发挥学生的主动性；强调提供生动、丰富的教学情境，让学生能够利用已有的知识经验去"同化"和"顺应"新知识；强调通过"协作学习"，让学习者的思想和智慧能够为整个学习者群体所共享。

五、开放性原则

自然教育在于引导人们认知和欣赏自然、理解和认同自然、尊重并保护自然，最终达到人的自我发展以及人与自然和谐共生的目的。自然教育不苛求每个学习者对同一问题产生高度一致的看法。因此，真正的自然教育应该是开放性的，它的开放性在于帮助学生获得独立思考问题的意识，培养他们从多角度、多层次思考问题的习惯和能力。自然教育的教育内容是开放的，教学过程中允许对立性观点的共存，以及非结论性内容的存在；教学资源的开放性在于教学资源来自大自然，不受时间和空间的限制，为学生的自主学习、主动探索提供了广阔的空间。

六、普及性原则

自然教育要根据不同年龄段人群的特点，设计不同目标的自然教育课程，在全社会建立人人都有机会参与的自然教育体系，强调全民参与的普及性原则。从长远的角度看，开展自然教育，要考虑社会效益和生态效益的结合，为大众提供深入人心的可持续的自然教育，加强人与自然的联结，促进人与自然和谐共生。要实现普及性原则，就需要搭建自然教育课程的内容框架。不同的年龄段，所探索的内容不同。我们可以从以下三个层次进行搭建自然教育课程的内容框架。

同一主题，不同内容和方式：在不同的年龄阶段，就算是相同主题，探索的内容方式也要有所不同。

不同学科领域融合渗透：在一个主题活动探索的过程中，不同领域的内容和发展会自然地融合渗透在其中。

　　大小主题镶嵌设计：在自然教育课程内容架构上，有大主题和小主题之分。所谓大主题，就是那些贯穿不同年龄阶段都可以开展的主题；而小主题则是在某一个时间段或是年龄阶段内完成的子主题。大小主题的区分，一切看孩子的兴趣和发展需求。

第三节　活动实施引导技巧

　　暮春时节，天气越来越暖和，池塘边的杂草已经没过脚踝了。清晨，带着孩子们来到公园的池塘边，蹑手蹑脚地边走边盯着脚下，突然一团身影跃入水中，扑通一声，溅起水花。这可是一个不容错过的自然教育场景——寻找大自然的伪装者。教师或指导者这时可以说一些小动物正躲在草丛里和我们玩捉迷藏，孩子们就会立即被吸引过来寻找草丛中隐藏的小动物。当孩子尽力搜寻时，教师可以用"又近了一些！"或"稍微慢点！"来引导他们去发现草丛里的"伪装者"，直到他们发现完美融入青草和土色中的泽陆蛙或黑斑侧褶蛙。这时大家意识到，原来刚刚跃入水中的就是一只蛙，它们虽然很好地隐藏在周围的环境中，但受到突如其来的惊扰还是会选择躲到水里。此时，孩子发现原来青蛙既可以生活在陆地，也可以生活在水里。这里面就涉及两个生物学的概念，一个是"两栖动物"，比如蛙类就是典型的两栖动物；另一个是"保护色"，教师在活动主题中引入了"伪装者"，引导孩子通过探索的过程进一步了解"保护色"的作用。

一、怎样在自然教育活动中有效地提问

（一）提出开放式问题

　　在自然教育活动中，提问是最好的引导方式。在课堂教学时，教师通常倾向于向孩子提出一些"封闭式"问题，或者"是否类"问题。比如"青蛙是否总是生活在水里？"当我们提出这类问题的时候，孩子只是回答"是或不是"，教师无法充分了解孩子们到底在想些什么。如果希望更好地发挥自然教育的作用，就需要引导孩子主动观察自然、描述自己观察的事物和现象，并表达自己的感想。在整个过程中，教师需要灵活运用开放式的问题引导孩子进行思考和分享。当教师在进行具体的环境教育课程设计时，先清晰明白地列出 5~10 个开放性问题，以便在课程实施过程中向学生提问。在准备开放性问题时，可使用以下方式：如果……会发生什么事情？为什么你觉得……？A 和 B 之间有什么区别？X 和 Y 之间有什么相同之处？当教师在教学中提出这样的问题时，其实是在鼓励学生在一个更高的认知层次上进行思考和回应。通过鼓励学生去解释、辩论、比较和对比不同的想法，教师其实是起到搭建脚手架的作用（支架式教学，维果茨基），在这个过程中为孩子提供更高层次认

知的支持。

（二）递进式提问

传统的课堂教学，通常是教师提出一个问题，学生回答一个答案，然后教师评估学生的答案。这种提问模式的最大问题在于，严重限制了师生对话带来的学习潜能。当整个提问过程的唯一目的只是评估学生已有的知识经验时，就很难发挥好把问题作为让孩子深入观察和探究的跳板作用。我们来换一个教学情境：教师提出一个问题，学生进行回应，教师再跟进一个问题，学生再回应，然后教师让其他同学对最后的回应进行评论。这样，整个教学过程就是一个真正的对话。

采取递进式提问对于开展自然教育活动非常重要。以下是一些递进式提问的方式：你能告诉我更多吗？你还看到了什么？是什么让你有这样的想法呢？你同意前面同学的回答吗？这些问题可以激发自然教育课堂的生机，它们向学生传达一个重要的信息：自然环境提供的学习材料是鲜活的，学生在此环境下产生的想法也是鲜活的。递进式提问能够让学生有机会与同伴针对观察到的事物进行深入沟通，在此过程中要鼓励不同学生对一个回应给出更多回应。比如："小 A 对树桩上为什么喜欢长蘑菇，提出了自己的见解。你们觉得他的见解怎样？有没有人愿意提出自己的见解或者给予补充？"递进式提问在于支持引导学生进行更深入的思考，并鼓励学生将同伴的想法当作自己产生新想法的跳板。

（三）留足时间，等待回应

不同年龄的孩子对于同一问题的准备和回应时间不同。教师在提问之前，根据问题的难易程度，给孩子 5~10 秒的准备时间，确保每个学生都能听清楚问题，有时间处理信息，并提取长时记忆，能够形成一个回应。从脑科学角度来看，即便回答一个"简单"的问题，大脑的不同结构都会参与进来，而且速度快得惊人。在准备时间中，教师对于课堂行为的管理策略也是非常关键的。即使是在开放的自然环境中，教师也应该创造一个彼此尊重的课堂氛围，对学生有足够清晰的行为预期和结果预期，让更多学生能有平等的机会参与到课堂讨论中，而不仅是那些反应最快的学生才能参与。

在自然教育活动开始前，将学生的名字写在卡片上，提问时随机取出一张卡片。当叫到这个学生时，他可以回答问题，也可以选择跳过问题或请一个朋友来帮忙。这样至少可以让每个孩子都有机会公平地参与到课堂中。

（四）对于错误答案不予批评

在孩子的学习过程中，教师应该如何面对孩子出现的错误？又该如何处理呢？约翰·霍特在《孩子是如何学习的》一书中，对于孩子在学习过程中的心理状态做了细致的描述："孩子们的无知和笨拙经常会让他们感到痛苦，我们必须谨慎，不要强制性、不断地让他们意识到自己的弱点。"当教师直接指出孩子的明显错误时，会引起孩子强烈的抵触情绪。其实错误的答案对于孩子来说并不一定是负面的，甚至常常会有因祸得福的效果。在孩子的成长过程中没有错误，只有不成熟。蒙台梭利曾说："每个儿童首先都必然处于一种精神的无序期，心理活动由混乱走向有序。孩子是作为一张白纸来到世界上的，世界突然把他包围，他需要有一个适应过程，即成长过程。"儿童心理学研究表明：12 岁以下的儿童，大脑对负面反馈（接收到的坏情绪）几乎没有任何反应，除了让孩子更伤心、更沮丧外，毫无作用。

当孩子的答案不够完善时，教师应该及时利用这些答案提供的信息，引导学生向更全面答案的思路靠拢。比如，可以用一些积极的引导方式："你的方向是没问题的，试着考虑一下……"；"我认为你想表达的是……。关于……，你想一下还有什么？"

另一种应对前面同学答案的方式，是委婉地把问题引导给另一个学生。可以采取这样的方式："这位同学提出了一个非常好的想法，哪位同学可以在他回答的基础上进行扩展吗？"或是"前面的同学提供了一个有趣的角度，有没有同学可以提供更多独特的角度呢？"在自然教育活动中，教师使用一种积极的方式来承认学生的努力，既保护了学生的自尊，也可以激发他们的自我肯定和内驱力。绝大多数开放性问题都不止一个正确答案，甚至没有所谓绝对的正确答案，切记不要因为学生的某个回应与众不同或者没有达到预期就否定它。此外，引导学生评价那些与自己的观点不同的想法，也是培养批判性思维和建设性批评的好机会。

二、在自然研学活动中如何避免一些错误的引导

（一）过度介入

在活动前或者活动中的过度介入，既会影响自然教育活动的整体效果和目标，也会弱化参与者的体验。我们可以在活动前和活动中反思以下问题，从而避免指导师自身的过度介入。

1. 活动前

第一个问题：有没有提示活动的解决方法？

自然教育活动就是要让参与者去大自然中发现、探究自然的神奇和秘密。这个过程非常精彩，也充满了惊喜之情。也许有时候参与者发现的不是标准答案，但是那种惊奇之感也是终生难忘的。参与者要以自己的知识背景和情感投入为基础，去寻找大自然中的真、善、美。如果自然教育指导师提示了活动的解决方法，整个探究过程虽然可以得到一致的答案，但毫无乐趣可言。

第二个问题：有没有说让参与者感受的事情？

由于每个参与者的成长环境、知识结构和家庭背景都不相同，因此面对同一种自然环境，他们的感受可能五花八门。自然教育指导师要让参与者自己去感受，然

后表达出来。参与者对自然环境的感受没有对与错，只要是真实的感觉，他们就都有收获。每个人的感受是很主观的，也没有标准答案。只有在感受大自然的过程中，参与者才能真正拉近自己与大自然的距离，知道自己内心真实的体验。所以，指导师不要说出自然教育的感受具体是什么，要让参与者自己身临其境，然后表达出来。

2. 活动中

第一个问题：是不是一直都是指导师在引导活动？

有的时候，需要参与者自己去发现一个问题后，自然进入下一个问题。记住，整个自然教育活动中，参与者才是"主角"。

第二个问题：在自然教育活动中，参与者是通过彼此之间的合作、讨论等来解决课题，还是通过指导师的引导来解决的？

自然教育指导师在说出活动"目标"后，需要参与者自己制订活动计划来解决课题，自然教育指导师可以做适当的引导，但是不能代替参与者来解决问题。

第三个问题：在实际演练或者活动中有没有管理好活动的时间？

一般的自然教育活动都会提前做好计划和安排，但是在活动过程中难免会出现一些状况影响活动进程。这个时候就需要指导师管理好活动时间，不能因为某一个活动参与者特别热情就停留在那个活动较长时间，而影响其后的活动安排。

第四个问题：是否时刻意识到给参与者思考的空间，并且仔细考虑怎样回复参与者提出的问题了吗？

没有思考的活动只是消遣而已。因此，在自然教育活动过程中除了让参与者"玩游戏"，还要让他们思考其中的道理和奥妙。自然教育是一种让知识鲜活的良好方式，参与者通过五感接触大自然，观察和学习是让他们了解和熟悉大自然的神奇之处的两种重要途径。

第五个问题：时刻意识到给参与者思考和行动的机会了吗？

自然教育活动中的"主角"是参与者，大自然的各种奇妙之处，是参与者通过活动去思考，通过行动去保护的机会。因此，在自然教育活动中，指导师要时刻意识到这个问题。

第六个问题：当课题很难达成的时候，有没有做特别的引导？

虽然参与者是自然教育活动的"主角"，他们需要自己去探究大自然的神奇之处，但是对于不同的参与者，体验活动的难易程度是不一样的。如果参与者在完成自然教育课题时表现得十分困难，指导师要根据他们的难点，给予合适的引导，但是不要帮助他们完成。

（二）说话方式

自然教育指导师应该特别注意自己的说话方式，同一句话用不同的语气表达出来的意思是有很大区别的，给听者的感受也是不一样的。指导师应该注意以下方面：

1. 说话前的留意点

说话最重要的是能将自己表达的东西传达到对方那里。所以在说话前，自然教育指导师将讲话的重点整理记录下来非常重要，比如活动安排、活动注意事项、活动规则、活动装备说明等，如果自然教育指导师说错了或者忘记了，就有可能会影响活动的开展。

2. 说话的语速是否过快

有时，自然教育活动时间安排得很紧凑，所以指导师为了节省时间，就会加快语速。有时，指导师自己本身的说话习惯就是语速比较快。为了检查自己的语速有没有过快，指导师可以随时问参与者，他们是否感觉语速过快了，是否跟不上自己说话的节奏？如果回答"是"，那么指导师就要有意识地放慢语速。

3. 声音是否清晰和够响亮

在户外空旷的场地或者面积比较大的教室，声音的清晰度可能不够高，如果参与者人数很多，也有可能会导致部分参与者听不清，所以指导师就需要扩音设备，确保所有的参与者都能接收活动信息。当然了，指导者并不是一直需要大声说话。有的时候故意小声说话更能吸引参与者的关注，很好地利用声音的抑扬顿挫也很重要。

4. 说话时站立的位置

为了能将信息传到对方那里，选择一个让参与者都能看见、都能听清楚的位置非常关键。比如在有阳光的地方，指导者可以选择面向太阳的方向，让参与者背对着太阳，免得太阳光刺眼。

5. 其他注意事项

在表达的时候，表情、动作、手势都可以成为工具，帮助指导者更好地传达自己的想法。

其他的指导者和参与者站在同样的位置，避免和指导者站在一起会吸引参与者的注意。

案例：《动物观察·动物建筑家》课程

我们以"在地自然"为期 1 天的《动物观察·动物建筑家》课程为例，该课程目标分为知识、能力和情感方面。

在知识目标上：了解至少 3 种"动物建筑"的类型及其保护机制；了解石蛾幼虫的生态意义（偏爱无污染的水域，生态适应性较弱，是指示昆虫，是许多鱼类的主要食物来源）。

在能力目标上：通过自主观察，发现大自然中各种各样的"动物建筑"；在合作与分工中寻找自我在团队中的角色；通过动手搭建，启发并带动对"结构"的思考。

在情感及价值观目标上：认同无论生物多么微小，都有它的生态价值；培养对弱小生命的同理心；理解生物依赖环境生存，以及保护自然对于保护生物多样性的意义。

《动物观察·动物建筑家》课程时间表见下表：

《动物观察·动物建筑家》课程执行时间表（来源：云南在地自然教育中心）

时间	活动环节	详细	物资
9：40	集合签到	签到；写胸牌并戴上；上卫生间	签到本、笔、纸胶带
9：40—10：00	暖场	暖场问候；领队自我介绍，互相介绍；约定	无
10：00—10：30	导入主题	开场游戏：松鼠与大树主题讲解	无
10：30—12：00	户外观察	《动物建筑家宾果卡》记录发现	每个小组 1 份：高清放大镜（非必须）；每位参与者 1 份：夹板和笔；记录卡
12：00—13：00	午餐＆午休	无	如户外午餐，需准备野餐垫
13：00—14：00	绘本故事	《动物绝对不应该穿衣服》	无
14：00—15：30	搭建庇护所	小组讨论庇护所样式；收集建筑材料；搭建；优化与分享汇报	粗细麻绳各一捆（按小组数量分成相应的份数）；庇护所讲解图；多功能防雨布 1 块。剪刀（非必须）
15：30—16：00	分享总结	分享、总结；合照签离；回到集合地	签到表和笔

（一）活动前的引导

9：40—10：00 破冰

在自然研学旅行的开场破冰环节中，首先带领孩子们来到一片开阔的地方，让大家手拉手围成圈。可以借助唱歌的方式，或者播放音频（节奏轻松欢快的音乐）来营造氛围。所有老师都应主动带头加入圆圈，这样才能让孩子们更专注。若有家长一同参与，也需邀请他们加入，因为只有每个人都能彼此看到，才能更好地融入团队活动。

若参与者是首次来到此地，你需要帮助大家消除对陌生环境的不适感。一些暖心的提问能够拉近你与大家的距离，比如可以问问大家，此刻的气温感觉是否舒适，是不是精神满满，已准备好投入到活动中。

带领者："欢迎大家来到这里（地名），我此刻特别想知道，是不是每个人的心都已到达这里？还有人把心遗忘在手机上，遗忘在家里的床上吗？请大家伸出大拇指，我们一起来做个小调查。如果您已充分准备好投入到这段自然之旅中，对接下来的活动满怀期待，请竖起大拇指；如果您把心遗忘在家里了，或者此刻感觉特别困、特别热，不太舒服，可将大拇指指尖向下；如果您觉得虽有些不适，但此刻感觉非常愉快，请把大拇指横过来。"引导每个人伸出大拇指做出反馈，并回应大家的感受。例如："我看到好多人都竖起了大拇指，谢谢大家，相信今天会是特别有趣的一天。"鼓励那些大拇指向下的人分享感受："我看到有伙伴表示此刻感觉不太舒适，能告诉大家原因吗？"以下对话可能出现在活动中："我看到有伙伴表示此刻感觉不太舒适，能告诉大家原因吗？"带领者可鼓励其中一位，如"那位穿黄衣服的朋友，是什么原因让您现在感觉不太舒服呢？"

"我觉得太热了。"

"是啊，今天天气着实热，听到的鸟叫声都不太多，估计鸟儿都躲起来乘凉去了。一会儿咱们去活动的时候，不妨找找阴凉的地方。要是你发现了，麻烦告诉我一声。"（以上为示例，回应感受的方式为：接受对方的感受，肯定他／她，给对方简短的建议或者以风趣的方式回应，也可将大家的注意力转到周围的自然中）

介绍今天活动的环境：（介绍环境有助于增强大家的安全感与安全意识）

我们现在所处的位置，活动场地是一片森林。森林里有溪流、有石头滩，大家觉得这里可能会有什么值得期待的东西呢？（请参与者思考并回答）那么在这样的森林环境里，有没有哪些潜在危险呢？（请参与者说出自己担忧的、觉得有危险或者害怕的方面）

安全约定：在这样的野外环境活动，我们需遵守以下事项：

第一，不擅自离队，若暂时离开，请告知在场老师。

第二，与自然友好相处，不打扰自然中的其他动物，不随意采摘，自行妥善管理垃圾。

第三，保持好奇心，鼓励分享，鼓励尝试自己未做过的事。

第四，水边活动的安全注意事项：不推搡，不独自离队，遵守水边活动约定。

介绍今日内容和时间安排：（帮助大家了解全天安排，打消后顾之忧）

带领者："今天上午我们要准备好营地，午餐时间预计是12点半，需要大家齐心协力、动手做餐。要是我们不能好好合作做出午餐，那可就只能饿着肚子啦。"

当参与者愿意与你对话、交流感受，这便是非常好的开端。此时可请每个人简短介绍自己（集合时应让每个人带上写着名字的胸牌，或者在胸贴上写上自然名）。你可以先给大家做个示范："今天一整天，我们在座各位都会一同度过，我十分期待认识大家。我叫海螺，这是我的自然名。每次参加自然体验活动，我都希望大家直接称呼我'海螺'，这样我会感觉自己仿佛就是自然的一部分。我是今天的领队，要是大家有任何需要帮助的地方，都可以来找我。"（转向身边的人说）"请您也向大家介绍一下自己吧!"

参与者与其他工作人员依次介绍自己。当某位参与者介绍自己时,导师们应专注聆听,并提醒发出噪音的人注意聆听,营造彼此尊重的氛围。

当所有人都完成一轮介绍后,就可以进入接下来的活动了。

(二) 活动执行中的引导

10:00—10:30 开场游戏

"今天,我们要进行的活动都与森林有关。森林里每天都上演着许多有趣的故事,此刻我们虽看不到动物们,但这里的动物们或许正在远处看着我们,比如松鼠。树木为松鼠营造了家,形成了社区,松鼠在这里的生活与树林息息相关。我想邀请大家一起来扮演松鼠和树木。"

带领者需清点人数,参与人数应为 3 的倍数。其中两人面对面站着,两手相牵搭成一个拱形,当作"大树";另一人蹲在他们双手搭出的拱形之下,扮演"松鼠"。若人数欠缺,难以形成完整组合,请导师凑数补充。带领者应提前和其他工作人员商量好,给参与者示范扮演大树和松鼠的动作:"该怎么扮演松鼠和大树来玩这个游戏呢?我想邀请两位老师和我一起给大家示范一下。"

等大家都熟悉动作后,便可以进一步帮助大家理解游戏规则了。

"每一轮,都有一人负责发号施令。发号施令者可以这样说:'伐木机来了,推倒了所有的大树!'这时,所有'大树'需打散,跑起来重新组合。发号施令者也要一起参与,找不到位置的人出来发号施令。也可以说:'猎人来了,瞄准了松鼠。'此时,所有'松鼠'都要跑起来,重新找位置。第三种号令是'森林大火来了!''大树'和'松鼠'都会受森林大火影响,需全部打散重新组合。"

可以先试玩一轮,助力大家理解规则。游戏开始时,带领者先描述一段场景,营造紧张气氛,比如:"在森林静悄悄的清晨,第一缕阳光照射进来,小鸟儿叽叽喳喳地起床了,松鼠伸了伸懒腰,从洞里跑了出来。这个时候……(拖长声音)"

这是一个充满欢乐的游戏,无论成人还是孩子都会玩得尽兴。大概玩两轮,参与者就会对规则十分熟悉。在大家笑得岔气时结束 —— 欢乐的游戏在快乐的峰点结束,会让人意犹未尽。

通过一个热身游戏,参与者能较好地进入后面的观察活动。若后面的活动分组进行,可以让"松鼠"们为一组,组成"大树"左边的人为一组,组成"大树"右边的人为一组。同时,需告知大家,今天的活动将按照游戏的分组来分小队开展。此时,带领者要点明当天的活动主题:"刚才的游戏中,'大树'给'松鼠'提供了庇护所。然而在大自然里,除了这样的天然庇护所,还有很多小动物、小昆虫需要自己搭建庇护所,像鸟巢、蜂巢……这些动物建筑大家或许见过,但还有其他各种各样、不起眼却十分精彩的动物建筑隐藏在自然中。我需要召集一批自然侦探来一同寻找它们。"

"今天，你们就是大自然中的小侦探，我会给你们每人发一张提示卡。"你可以问问大家，侦探需要具备什么样的品质，或者需要什么工具，并告诉孩子们，他们的眼睛及观察能力是最有用的工具。

10：30—12：00 自然观察——动物建筑

将《动物建筑宾果卡》发下去后，最好由每组的小组领队带着孩子们彼此熟悉、约定安全注意事项，并一同阅读《动物建筑宾果卡》，以帮助大家理解任务。在这个过程中，有的孩子会急着想出发，但多花一点时间达成组内共识很重要，尤其是当路线比较长时。安全约定包括：不离队、不独自走进深草丛中等（视路线的风险程度而定）。一个小组一起行动，彼此分享，会让观察的路途更有乐趣。准备好的小组，就可以带上随身物品出发了。

队辅通常会被孩子们问到各种各样的问题，引导孩子们观察比直接告诉他们答案更有价值。动物建筑有大有小，有些种类也较容易观察到，带课之前不妨花点时间先观察一下。路线按事先踩点约定的执行，队辅或领队发挥带队作用。

引导观察形态的提问：这个建筑是用什么制成的？有出入口吗？是和小动物的身体连在一起的，还是小动物住在里边呢？……

引导结构思考的问题：这个房子是怎么做成的呢？（如是叶子建筑，可以和孩子一起找来一片同样的树叶卷卷看）

引导观察保护色的提问：这个建筑是怎么和自然融为一体的？

引导需要进一步观察和思考的提问：它会带着房子移动吗？如何移动？……

每组队辅带领本组孩子在约定的线路上进行观察发现，并提醒孩子们把观察和思考画在记录卡上。不过，并非所有孩子都喜欢做记录，对于那些更热衷于观察而不喜欢记录的孩子，不必勉强他们。同时，自然教育注重开放的参与与思考，不要认定课堂上存在所谓的"正确答案"。倘若发现孩子们有破坏行为，需及时予以制止，并与他们坦诚交流。

时间差不多时（孩子普遍能观察到5~6种动物建筑），请参与者回到组内，由每个小组的队辅带领孩子们在组内总结上午的观察所得。队辅可以让每位参与者轮流分享记录卡上记录的内容，或是分享他们观察到的印象深刻的事物，鼓励大家在此时提出想到的问题。小组内分享结束后，若氛围较好，可让所有参与者在阴凉处围圈，邀请其中几位再次分享他们的收获。

12：00—13：30 午餐 & 午休

天气炎热时，户外时间不宜过长，否则会让参与者过于疲惫。留意孩子们的状态，当他们已有有趣的发现且开始感到疲惫时，就可以结束上午的活动。让参与者收拾好个人物品（随身物品和记录卡），将夹板和笔归还给小组队辅老师。

若参与者自带餐点，需为大家找一处阴凉的地方铺上地垫。倘若天气炎热，老师要留意孩子们的食物是否变质。要是一同到餐厅聚餐，老师需组织好路途秩序，因为在非正式的活动时间里，孩子们通常较为散漫。若是亲子活动，氛围则会轻松一些。

13：30—14：00 醒脑时间

午后，参与者精神通常较为涣散，即便重新将他们召集在一起，他们一时也可能无法集中注意力。若天气凉快，不妨借助一些与主题相关且饶有趣味的小游戏，来唤醒大家的参与热情。在闷热的午后，也可用阅读绘本的方式作为醒脑时间。

把孩子们召集起来，让大家在阴凉处舒舒服服地坐下。带领者可承接上午的话题说："上午，大家一同观察了动物给自己'做房子'的方式，这些千奇百怪保护自己的方式，也可理解为它们给自己穿上了衣服，只不过这些衣服的款式与我们的不太一样。倘若动物穿上我们的衣服，会是怎样的感受呢？我手上这本书，描绘的便是动物穿上我们衣服的感受。"《动物绝对不应该穿衣服》是一本颇为诙谐的绘本，阅读时可在每一页稍作停留，让孩子们有时间发笑，无需对故事进行阐述。

14：00—15：30 搭建庇护所

搭建庇护所是一项能让孩子们兴致勃勃的活动，但过程中必然会经历小组内意见分歧、不知如何开始等迷茫阶段。大多数孩子都能从中找到乐趣，然而也会有动手能力不强的孩子感到挫败。通常，每个小组里都会有孩子充当领导者的角色。这类团队合作活动，不太适合大人和孩子一同参与。如果当天是亲子活动，不妨让成人们去做其他事情，比如教他们打户外实用的绳结，或者找个凉快的地方举办茶会闲聊。这样既能让成人们与孩子分开好好放松，又能给孩子们自由发挥的空间，成人们会乐于接受这样的安排。带领者无需特别强调有哪些工具，直接将工具发给小组，让参与者自行决定如何使用。事实上，选择能收集到很多自然落枝的地方开展活动，无需准备锯子之类需要技巧才能掌握的工具，因为这类工具只会增加安全管理的压力。带领者可以充分激发大家的兴趣："早上我们看过了几种有趣的动物建筑，现在我们不妨一起来搭建属于我们自己的庇护所。想象一下，我们要在自然中游戏、生活，一个小小的庇护所会为我们增添很多乐趣。今天下午，我们就试试一起来动手做一个！"

带领者可以将几种不同样式的庇护所打印出来，让孩子们选择自己喜欢的款式。搭建的工程量不小，他们需要做出一个能容纳小组所有孩子的庇护所，仅收集材料就是一项不小的工程。对于小学阶段的孩子，可以让他们按照图上的方式去实现，把讨论的时间和重点放在研究步骤和分工上，激励小组进入良好的合作状态，而不是为建成什么样吵得面红耳赤。对于初中的孩子，则不妨给他们纸和笔，让他们好好设计一番。

　　小学三年级以下的孩子，进行这样的搭建存在困难，因为他们尚未发展出完全与感性抽离的理性思考能力。所以，若孩子年龄偏小，导师需适时提供帮助，即便结果可能并不完美。但导师需要关注的重点只是团队活动中的分工与行动（是否每个人都投入其中，动手参与）。要让每个人的努力被他人看到，尝试关注每一个人的感受，让团队合作的理念在孩子们心中扎根。

　　等时间差不多，孩子们都完成搭建后，需提醒他们收拾整理场地，归还工具。留一点时间让大家在自己搭建的庇护所里玩耍，或者邀请他们的爸爸妈妈一起来参观，这会让孩子们很有成就感。在分享环节，可以着重从以下几个方面收集大家的故事：

　　每组介绍自己搭建的庇护所具有哪些特别之处？其搭建的庇护所具备什么功能？

　　这个过程中遇到了什么困难，又是如何解决的？

　　在小队合作中，有没有特别想感谢的人，原因是什么？

　　我们还有其他哪些收获？

（三）活动结束后的引导

15：30—16：00分享/总结结束

　　带领者可以选择自己喜爱的方式，引导孩子们对一天的活动进行总结。最简单的办法，就是提出几个问题，让孩子们分享他们的看法与想法。无论时间多么紧迫，都不应匆匆结束活动而毫无结尾。倘若时间太过仓促或是天气太热，你可以简要总结当天的活动，并感谢大家的积极参与。

　　分享／总结的提问参考（可依据个人表达方式，转化为口语化的问句。但要尽量让你的问题有助于孩子们思考，而不只是询问他们开不开心）：

　　（1）哪位小伙伴愿意跟大家讲讲，今天活动里最让你开心的时刻是啥时候呀？

　　（2）有没有小伙伴今天对动物建筑有新的发现和思考呢？那种以前从来没听说过或者留意过的？

　　（3）你们对自己搭建的庇护所满意不？哪些地方让你有成就感呀？

第四节　活动评估

一、自然教育与传统教学的区别

　　目前，自然教育还在发展中，自然教育课程和活动仍处于设计、实践中。针对自然教育课程和活动的评估还没有能达成共识的方案，要注意与传统教学区分开。自然教育在教学方法、教学内容、评测方式方面与传统教学的区别见表4-1。

表 4-1　自然教育在教学方法、教学内容、评测方式方面与传统教学的区别

	传统教学	自然教育
教学方法	1. 以教师为主、学生为辅 2. 以讲述法为主，着重知识的灌输，内容的传授 3. 学生缺乏主动性的学习	1. 鼓励学生自主学习、小组学习 2. 分小组、引入外部专家、资源协助教学 3. 强调做中学、游戏学习：边玩边学、边学边玩 4. 利用问答启发法，以学生的经验为基础，由教师提出问题，引导并鼓励学生主动思考、积极参与教学活动 5. 运用游戏教学法，搭配户外教学的体验活动与情境布置相互支援 6. 训练学生推理、判断、分析和综合的思考能力，并且可以养成学生系统思考的习惯 7. 顾及学生的内在学习动机，使学生乐于进行有意义且持久性的学习
教学内容	纸本教材，如课本、习题册、考卷等	1. 运用图书馆与网络资源 2. 运用多元化教材：自然环境、绘本、标本、文学作品、影片等 3. 自制多媒体教材，包括动画、电子书、影片、简报等
评测方式	纸笔测验	1. 纸笔测验（问卷） 2. 档案评量（资料搜集整理、书面报告） 3. 实作评量（表演、实作、作业、赏析、实践、轶事记录） 4. 口语评量（口头报告、访谈） 5. 轶事记录

二、自然教育活动的评估指标

自然教育与研学旅行活动作为一种与传统课堂教学形式不同的教学形式，可以有效补充传统教学短板，丰富教学模式。基于此，在实现活动课程化的过程中，有必要完善研学课程设计和学生学习效果评价环节，形成一个完整闭环，从而提升研学课程的科学性和规范性，推动其健康可持续发展。

笔者建议不同的自然教育机构或自然教育中心可以参考 STEM 教育质量评价指标体系，见表 4-2，同时结合《中小学生综合实践课程指导纲要》，针对具体的活动可以从下面几个角度制定评估方案：

表 4-2 STEM 教育质量评价指标体系

一级指标	二级指标	指标项说明
A 课堂环境	A1 空间布局	STEM 课堂物理环境舒适，座位布局能够满足学生 STEM 协作学习及实践需求，具有合理性
	A2 STEM 设备	STEM 课堂中含有各类科学、技术、工程、数学类教具、仪器等教学设备，能够满足学生开展 STEM 活动需求
	A3 教学引导	STEM 课堂中，教师通过分析学生的对话与表现，能够引导学生进行积极深入的思考与讨论
	A4 课堂管理	教师能够根据学生表现与效果，合理把控课堂进程，调整课堂内容，创建良好的课堂环境
	A5 公平性	在 STEM 课堂中，教师为每个学生提供均等的学习机会
B 课程结构	B1 课程目标	STEM 课程目标包括科学知识、科学探究、科学态度以及科学、技术、社会与环境目标，能够促进学生的 STEM 知识、STEM 素养以及培养学生解决生活中实际问题的能力
	B2 课程内容	STEM 课程内容明确，能够培养学生的 STEM 兴趣与技能，学生有清晰的学习目标和学习成果
	B3 课程资源	视频、音频、模型、工具等课程资源丰富，学生能够充分利用课程资源进行学习
	B4 课程评价	教师能够根据学生的课堂表现与理解程度，合理对课程内容进行评价与调整
	B5 课程总结	教师能够在课程结束后，总结学生的课堂表现与学习成果，培养学生的创造性意识与提高学生的学习兴趣
C 教学内容	C1 教学价值	STEM 教学内容能够培养与提高学生的科学、技术、工程、数学思维与素养，具有教学价值与意义，符合学生的认知发展水平
	C2 教学准确性	STEM 教师对 STEM 概念的理解以及展示内容具有准确性与科学性，对学生探究的指导有效且流畅
	C3 内容跨学科性	STEM 教学内容不仅仅局限于单一学科，注重学科之间的联系，全面培养学生的 STEM 素养，具有跨学科性
	C4 重点突出	有限的课堂时间内，教师能够突出重要的 STEM 教学内容，教学重点突出
	C5 内容连贯性	提问、测试、任务、作业等内容与教学目标紧密结合，具有连贯性
D 学生表现	D1 问题理解	学生能够在教师的指导下或协作学习中进行积极思考与讨论，明确要解决的问题
	D2 活动探究	学生能够通过思考或参与到小组活动中，根据探究问题寻找限定条件
	D3 方案设计	学生能够通过思考与协作学习寻找解决问题的方案，并确定最佳方案
	D4 模型创建	学生能够在教师预留的探究实践内，积极思考创建模型

（续）

一级指标	二级指标	指标项说明
D 学生表现	D5 测试与检验	学生能够利用以往的知识与经验收集信息与数据，开展多次实验
	D6 结果交流	学生能够将协作学习的成果进行展示与汇报，教师进行评价与总结
	D7 迭代设计	学生能够根据教师意见、反馈，进行交流与迭代设计，完善设计方案

（一）课堂环境

课堂环境包含空间布局、STEM 设备、教学/引导、课堂管理、公平性五个二级指标。活动场地选择和空间布局、教学设备和工具、教师的教学引导、课堂有效管理以及是否为每位学生提供均等的学习机会，均会对课堂环境产生影响。

（二）课程结构

课程结构包含课程目标、课程内容、课程资源、课程评价、课程总结五个二级指标。所谓课程结构，就是课程实施活动顺利开展的依据，是课程各部分的协调与组织。在此维度下设立的评价指标能够评价指导教师对课程目标的确定是否符合自然教育的目标，课程内容是否符合学生的认知发展，以及教学资源是否应用得当等。

（三）教学内容

教学内容包含教学价值、教学准确性、内容跨学科性、重点突出、内容连贯性五个二级指标。该维度重点评价教师的教学表现，其中教学价值是自然教育教学内容的基本要求，而教学准确性则体现了自然教育教师的专业素养，是评价教师的重要指标。内容的跨学科性、连贯性反映了自然教育教师是否具有清晰的思路，以及对教学内容的掌握情况和教学严谨性。重点突出是衡量教师能否在有限的时间内，突出教学内容的重点部分，评价教师对教学内容的整体把握。

（四）学生表现

学生表现包含问题理解、活动探究、方案设计、结果交流等七个二级指标。学生表现是指学生在自然教育课程或活动中的学习投入与情感体验等。该维度下的指标项是对学生自然教育活动表现的综合评价，从协作学习中的表现到最终的成果展示均是对学生进行表现性评价，以更好地掌握学生的学习情况，为教师提供教学参考。

建议在具体操作中将评价指标采用等级量表的形式划分为 A、B、C、D、E、F 6 个评价等级，分别对应 100 分、80 分、60 分、40 分、20 分、0 分。A 等级表示完全符合指标评价标准；B 等级表示符合指标评价标准；C 等级表示较为符合指标评价标准；D 等级表示一般符合指标评价标准；E 等级表示不太符合指标评价标准；F 等级表示完全不符合指标评价标准。

自然教育活动评估是依据一定的教育教学目的，对自然教育活动的过程及效果进行价值判断，使自然教育活动得到不断改进的过程。目前，国内对自然教育活动的评价集中于教学活动设计、实施过程和指导教师专业发展等方面，而对活动受众学习效果的有效评估还在探索中。从近年来的一些研究看，中小学生的学习参与度被划分为认知参与度、情感参与度、行为参与度以及社交参与度四个维度。因此在设计针对自然教育活动受众（主要是中小学生）的评估方案时，必须考虑以上四个维度。

此外，自然教育是能够有效调动学生多元智力参与的教育方式。美国教育家、心理学家霍华德·加德纳（Howard Gardner）在 1983 年出版的《智力的结构》一书中提出"智力是在某种社会或文化环境的价值标准下，个体用以解决自己遇到的真正的难题或生产及创造出有效产品所需要的能力"。每个人都至少具备语言智力、逻辑数学智力、音乐智力、空间智力、身体运动智力、人际关系智力和内省智力，后来，加德纳又添加了自然智力，自然智力是与自然教育活动有密切关系的智力类型。这一理论被称为多元智力理论（multiple intelligences）。所以，在进行自然教育活动及其评估时，需要从多元智力角度去考虑。

三、活动评估参考

活动成果评价作为自然研学活动课程的重要内容之一，需要以多形式、多主体的评价方式和以"全方位、多主体、重实效、顾全局"为原则设计能够体现义务教育地理学科核心素养和检测学生研学目标达成程度的总体评价量表，来评价研学活动设计的合理性、科学性、专业性和可持续性。自然研学活动的评估可以围绕《义务教育地理课程标准（2022 年版）》中的核心素养内涵和四项目标要求以及《研学旅行课程标准》中的评价原则，从学生的人地协调观、综合思维、区域认知、地理实践力四个方面进行评价，并注重学生的情感态度评价，以求测定自然研学活动课程在培养学生的知识技能与意志品质两方面的作用。自然研学活动一般涉及多种参与主体，并且需要多种参与主体共同合作才能推动研学活动的实施和使其发挥作用，因此活动评估可以增加教师、第三方参与者的研学评价量表。通过多形式、多主体的评价量表，可以判断研学活动实施是否实现了教育目的，实现的程度如何，以判定活动设计的效果，并据此作出改进活动的决策。

活动评价量表可以将量化评价与等级评价相结合；过程性评价与成效性评价相结合；自我评价与小组评价和教师评价相结合。根据评价量表，进行自评、组评、师评，计算出每个评价内容的得分（总分＝自评分×30%＋组评分×30%＋师评分×40%），用所有评价内容的得分累加得出学生的综合总分，再根据总分评定学生的综合评价等级（总分 85 分及以上为优秀，70～84 分为良好，60～69 分为及格，60 分以下为不及格），详见表 4-3。

表 4-3　活动评价量表

评价方式	评价指标	评价内容	自我评价 30%	小组评价 30%	教师评价 40%
过程性评价（70分）	地理实践力（20分）	能够掌握和使用地理实验、社会调查、野外考察等地理实践活动中的相关工具和研究方法			
	区域认知（10分）	能够描述区域内的地理环境和理解不同区域之间的相互关系			
	综合思维（15分）	能够分析不同地理要素之间的相互作用和关系，总结地理环境变化的影响因素和规律			
	人地协调观（15分）	能够联系生活实际解决地理问题，树立人与自然和谐相处的人地协调观和正确价值观			
	意志品质（10分）	能够积极参与团队合作，在研学活动过程中主动发现问题、提出问题、寻找解决问题的方法；能够克服遇到的困难，积极主动完成活动的各项要求			
成效性评价（30分）	活动完成情况（15分）	学生手册和研学活动总结报告的完成质量			
	活动成果总结与展示（15分）	活动主题汇报和成果作品展示			
总分					
总分85分及以上为优秀，70~84分为良好，60~69分为及格，60分以下为不及格					
总评：					

　　研学导师作为自然研学活动中教育教学的研究者和反思的实践者，对自然研学活动的评价具有重要指向作用。研学导师对自然研学活动的实施难易程度和设计合理性的评价能够为活动设计者提供具有实践意义的指导，从而使自然研学活动方案能够及时有效地动态调整，让研学活动与学校课堂和课程标准中规定的教学内容紧密联系，成为学生拓展能力、从生活实践中获得知识的有效途径。为提高方案的实践性和与课堂之间的联系性，可以为参与和开展活动的教师提供定性

评价表，见表 4-4。

表 4-4 教师定性评价

内容	完全符合	基本符合	不符合	完全不符合	意见与建议
活动形式多样，易于开展教学					
活动设计合理，契合教学内容					
情景设置新颖，激发学生兴趣					
问题设计突出重点，可以提高学生综合素质					
请在对应位置打"√"和在"意见与建议"栏提出建议					

自然研学活动的可持续性评价和可推广性评价对自然研学活动的持续开展和传播具有重要指向作用。通过活动设计评价表收集活动参与主体对本研学活动课程可持续实施的看法和实现课程可持续实施的建议，其他领域、学校、研学目的地、学生对本课程的态度，可以为本研学活动的可持续性和可推广性以及未来的发展提供现实依据和数据支撑，见表 4-5。

表 4-5 活动设计评价

内容	完全符合	基本符合	不符合	完全不符合	意见与建议
路线设计合理、食宿便利实惠、日程安排紧凑有序					
研学地点资源丰富，方便管理和实施教学					
愿意向他人推荐并且计划重复参与					
体验良好，活动充满趣味					
愿意继续投资或计划增加投资力度					
不同参与主体如学生、教师和利益方请在相关位置打"√"和在"意见与建议"栏提出建议					

第五章　解说技巧

第一节　解说的定义

1920年，美国国家公园将向公众传递公园信息的方式叫作"interpretation"，该词包括"解释、说明、演奏、表演"等意思，后来引入环境教育领域，取其"解说"一意。解说最早出现在美国国家公园的服务体系中，它是在国家公园和遗产保护地针对公众进行讲解普遍使用的一种方法。1953年，美国国家公园管理局设立解说官的职务。1961年，美国成立了解说自然主义协会与西部解说员协会，使解说成为专业化职业。

世界上很多组织和专家都对环境解说进行了描述和定义。目前被广泛接受的定义，是由美国解说之父弗里曼·提尔顿（Freeman Tilden）在1957年出版的《解说我们的遗产》（*Interpreting Our Heritage*）中提到的："解说是一种教育活动，其旨在通过原始事物，凭借游客的亲身经历，借助于各种演示媒体，来揭示当地景物的意义及其相互关系，而非传达一些事实。"这个定义明确表述了解说的实质不仅仅是传达信息本身，而且是一种让人们的知识、情感、态度、行为发生变化的环境教育活动。解说是一个过程、一种表现，通过解说，游客亲身观看、学习与感受，透过第一手的体验得到启发。解说员必须擅长沟通，并对所负责景点的自然与文化历史相当熟悉。

通常，解说媒介分为向导解说和自导解说。向导解说是指通过解说员的讲解让游客获得信息，而自导解说则是指运用各种器材或者设施去对游客说明，不经由解说人员而直接接触游客的解说服务方式，主要分为视听器材、解说牌示、解说出版物、解说步道等。

自然教育解说是自然教育得以实现的方式之一，目前自然教育解说还是采取环境解说的方式。环境解说（environmental interpretation）在环境教育中起基础性的作用，是最普遍的教育方式。它通过传达自然和人文环境特性，增进公众对资源及其意义的理解与欣赏，并经由愉快的体验产生对环境的关怀，培养积极参与环境保护的态度和行动，兼具教育、体验、游憩、资源保护、游客管理和经济功能，是满足公众需求，实现保护地环境教育和自然保护目标的有效途径和必然选择。环境解说有利于促进生物多样性保护的全民参与和成果共享。区别于一般解说，环境解说更强调公众在参与解说活动后，再次面对自然环境会产生行为变化，从而能更好地保护自然资源。环境解说是一种在不同场所进行的非正式环境教育形式（如自然保护区、国家公园、旅游区、森林公园等），也是一种交流服务过程。环境解说的一个最大特点是联系当地实际，能使游客在身临其境中产生对大自然的热爱，提高自然保护意识。环境解说相较于环境教育具有明显的作用。长期以来，各类保护区的环境解说主要以服务大众的观光旅游为目的，存在以下问题：①解说内容简单、不专业、信息混乱甚至编造神话、曲解自然；②专业术语过多，晦涩难懂，参与度和体验性不足；③解说设计缺乏系统性；④对物种的选择有很大随意性等。

很多环境解说难以体现当地资源的独特性和重要性，无法满足公众对自然认知的需要，达不到环境教育的目的。解决这些问题要先对解说资源的实际分布和时间变化进行调查研究，进而结合受众年龄等特点，合理设计解说内容和方案。解说资源在解说产品中占首要地位，对资源的直接互动能使受众产生最深刻的体验，使解说和教育更加丰富、鲜活和富有感染力。然而，解说资源不等于自然保护地的所有事物，因而有必要筛选和挖掘那些能激发受众的兴趣和思考，使每个人都能得到自己独特的感受和观点，充分利用有助于自然教育目标达成的各类资源。

此外，自然博物馆的收藏和研究及其衍生出的自然教育是自然博物馆的核心职责。自然博物馆自然教育的目的就是体现博物馆收藏研究的价值和意义。自然博物馆的标本藏品蕴含着丰富的自然知识，这些知识与自然教育的内容是高度重合的。人们通过自然博物馆标本藏品所蕴含的丰富信息，可以解读大自然的秩序、理解自然界中的生存法则，如自然发展史、动植物进化演化历程、人体奥秘、濒危动植物的灭绝、沙漠化的危害、水资源匮乏的后果、热带雨林减少的后果、植被减少和耕地的锐减、大气污染对于自然生态和动植物的影响，等等。进而培养出善待自然就是善待自己的意识，而这也正是自古以来中西方自然教育所秉持的核心主张。

由于目前还没有针对自然教育解说进行明确定义，本书将自然教育解说分为自然解说、自然教育活动引导两种类型，这一章主要就自然解说展开讨论。自然解说不是对自然教育场地的自然物和人文信息进行详细的说明，而是要思考解说的目的，比如需要传递哪些对受众有益的信息。如果一个自然教育体验活动需要先观察具体的自然物，然后传递一些抽象的概念和意义，那么就需要提前进行设计，比如导入阶段、递进阶段以及结束阶段分别需要使用的具体材料和案例。在此过程中，自然解说的对象，即素材和资源，不局限于自然物，还包括历史、人文、民俗等内容。

自然解说中开展解说工作的人员叫自然解说员，他们的工作不仅仅是传递和说明信息，更重要的是让受众理解所传递的信息背后的意义。科学有序构建自然解说系统必须充分考虑自然解说资源、自然解说受众等关键要素，在明确教育或活动目的的基础上，使用具有不同背景、价值观的受众都能理解和接受的方式进行解说。

第二节　解说原则

在解说方法上，目前国际上通行的方法为主旨式解说（thematic interpretation），它通过使解说具有愉悦性（enjoyable）、关联性（relevant）、组织性（organized）和主旨性（thematic），对受众产生吸引力并使受众保持注意力；既有利于受众的记忆和对资源意义的理解，又有利于解说员有目的地选择解说资源，组织解说内容；还能帮助自然保护地的向导更好地掌握生态学知识和提高自然保护的责任感。在整个环境解说交流过程中，提尔顿提出的解说六原则都是基础，其内容如下：

关联性——任何没有设法将所展示或描述的内容与游客内在的个性或经历相联系的解说，都将是没有效果的。

揭示性——通常意义下，信息并不是解说。解说是在信息基础上的内容揭示，两者是完全不同的。但是，所有的解说里都包含着信息。

艺术性——无论所提供的信息是关于科学、历史还是建筑，解说都是一门艺术，是多种人文科学的融合。任何艺术在某种程度上都是可以讲授的。

激励性——解说的主要目标不是教导和指示，而是鼓励和激发。

整体性——解说应当旨在展示全局和整体，而非局部和个体。同时，解说应当提供给全体游客，而非某一个群体。

特殊性——提供给孩子（12岁以下）的解说不应只是把提供给成年人的解说稍做简化，而应采用一种完全不同的方式。为了达到最好的效果，有必要制订另外一个不同的计划。

目前提供自然教育服务或者自然教育场地的公共空间有动物园、植物园、湿地公园、城市公园、自然保护区和国家公园等，这些地方除了有丰富的自然教育资源，也有持续优化的自然教育解说系统，为不断增长的自然教育和环境教育需求提供支持。

以自然保护区为例，其解说系统的功能主要体现在以下三个方面：

服务功能：在保护区解说中，为了使普通游客对专业性知识较强的地质或历史遗迹有通俗的了解，除了以各种形式（文字、图片、音像等）向游客提供基本的服务信息外，保护地应增加一些与这些知识紧密相关的解说设施来传达信息，如建立自然博物馆，运用便携式电子解说系统，设置各类解说标识牌等。

教育功能：这是保护地解说的主要功能，每处保护地都应是一座科普教育基地，游客可以通过各种解说手段了解到保护地景观的由来，在获取知识的同时，能够了解园中自然资源形成的漫长性和不可再生性，增强对资源的保护意识。

体验功能：为了给科学旅游增加趣味性，保护地会注重设置面向社会大众的解说设施与解说服务，规划设计与保护地有关的环境教育活动，如洞穴的深度探险旅游、某些河段的漂流、一些自然景观的历史重现等，让游客在体验中增加对自然资源的兴趣和了解。

第三节　解说方法

当你徜徉在森林中的步道、滨江湿地的栈道或是高山草甸的石子路上，惊叹于眼前的美景和自然气息。如果此时一位熟知这些自然环境的解说员用专业却不生硬的言语向你娓娓道来关于眼前所见事物背后的故事，那么你肯定会收获更加丰富独特的自然体验和感悟。即便没有解说员出现，如果步道边偶尔出现的解说性标识牌，恰好为你解答了疑惑，相信这也会为你的自然之旅提供更好的体验。

自然解说是开展自然教育最主要的形式，解说是一种以实物、模型、景观、影像、宣传资料为主向游客和活动受众介绍自然资源和文化遗产的内容、意义及与人类的相互关系的方式，旨在帮助人们建立与自然的联结。解说不仅仅是资讯的简单传达，更是信息的交流互动，解说应该具有科学性、教育性、艺术性、趣味性，能引导喜爱自然体验的受众更好地了解自己所处的自然环境，给他们以有意义的自然体验。

约瑟夫·克奈尔曾说："自然给了人类一份厚礼，那就是我们认识自己的能力。当我们学会了认识自己和周围的世界后，人才成为大自然最完美的杰作。从另外一方面看，只有人类才能如此透彻地欣赏与关注自然，只有通过人的体验，自然的微妙才能如此鲜活地体现。"自然教育活动和课程为民众尤其是青少年提供融入自然的时间和与自然联结的机会，大自然就成了促进青少年发展的关键生态资产。其中，结构化的自然户外体验活动，例如营地教育、研学旅行等，可以为青少年提供独特的成长和发展机会。而非结构化的自然体验活动，尽管没有明确的规则和目标，但是强调孩子的主导性，也能发挥出无限可能，激发青少年的创造力。越来越多的研究表明，这些活动是青少年积极发展的重要推动力，有助于青少年的身体、心理和社会认知的健康发展。

自然教育解说应该根据不同活动类型提供不同的解说方法，对于结构化活动提供向导式解说，对于非结构化活动可以提供自导式解说。向导式解说指的是以经过培训的自然讲解员向受众进行主动的、动态的信息传导为主的表达方式。自导式解说系统指的是使用书面材料、标准公共信息图形符号、语音等无生命设施、设备向游客提供被动的、静态的信息服务。向导式媒介称为人员媒介，一般有导游员、解说员、咨询服务中心等，自导式媒介也称为非人员媒介，主要有标识牌、旅游手册、导览图、语音讲解、视频放映、环境解说中心等，手机 APP 等新媒体是目前的流行趋势。

向导式和自导式都具有直观性和参与性等特点，但不同的解说媒介适用于不同的解说主题和解说内容，在选择自导式或者向导式媒介的时候，应考虑信息传递的效果性和实际可操作性。不同媒介各自具有不同的特征和优缺点。采取向导式和自导式相结合的方式，充分整合向导式和自导式的优势，推动国家公园、保护地和自然博物馆等场地的自然教育系统发挥更大的作用。

一、解说媒介的解说启示

（一）多媒体材料

多媒体材料集声音、文字、图片、影像等于一体，景区内的各种信息都可以通过多媒体材料来解说与传递，可视性很强、逼真。

虽然多媒体材料有很多优点，但是目前很多景区在实际运用过程中存在一些问题。由于视听材料的定制费用比较高，很多景区都没有多媒体材料的展示和售卖。通常来讲，多媒体解说材料立体效果好，戏剧感强，具有较强吸引力。一些景区虽然请专业影视公司制作了多媒体材料，但是多媒体材料制作内容太多，播放时间过长，一般观众都不会看完整个材料。这就浪费了制作费用，而且有些重点的信息还没有来得及播放，观众就已经离开。不能让游客从整体上把握景区的特征，解说整体性较差。甚至有的时候多媒体里播放的内容在科学性上还存在错误，给大众以误导。一旦被了解知识的观众辨识出来，景区的形象又将受到损害。很多景区在多媒体材料和设备上都投入巨资建设，但后期的维护人员和资金却没有到位。这使多媒体材料只在刚刚投入使用时发挥过一些作用，一旦出现故障，就无人管理，在相当长的时间里都是一种摆设而已。

（二）解说牌示

解说牌示是景区游客最常使用的解说媒介之一。它可以不受时间和天气的影响，为游客提供解说信息。目前国内很多景区解说牌示外观设计单一，都是矩形的框架，缺乏艺术性。解说牌的版面布局也缺乏美感，写满大段的文字，很多都没有图表，色彩搭配也不美观。在文字上，多采用科学术语。很多有关植物的解说牌都有拉丁文的说明。事实上，一种只在某个专业领域使用的文字对大部分的游客来说是没有关联性的，并不能起到揭示信息的作用。因此，在有限的版面内，拉丁文的解说是没有意义的，普通游客根本不需要了解。在解说牌的内容表达中，一些科学术语既没有用处，也没有记忆的理由。对于一些国内外珍稀动植物的解说牌，解说内容只说明了动植物的稀缺性，却没有激发公众保护这些动植物的情感和给予他们行为指导。

（三）解说出版物

解说出版物包括报纸、书籍、刊物、解说手册等。解说出版物可以用来宣传景点；提供促销信息；为自助游访问者提供预订路线，并告知他们在某个停留点可以获得怎样的经验；提供背景信息，解释他们所见到的景物有何意义。我国一些景区的解说出版物大多采用比较规矩的矩形或者正方形的设计，形式表达缺乏艺术性表达。

在出版物的排版上，文字内容和图片的排布如果艺术性不足，那么，游客主动去取阅的概率就会不高。很多出版物中图表或者插图绘制不仅艺术性不够，缺乏吸引力，而且指导性也不强。很多读者看不懂出版物中的图表，无法获取需要的信息。而有些出版物中的解说内容，存在一些理论上的错误，这样反而会给公众传达不科学的信息。

（四）解说步道

解说步道是游客来景区使用频率很高的路径。但是有些景区的步道过度使用硬化路面，使得步道在景区环境中显得格格不入，美观和艺术性极差。有些景区的步道两旁很少或没有解说牌，不能揭示景区的资源信息。一些步道在分岔路口没有指示方向的牌示，导致游客不知道往哪个方向走，还有多远以及大概需要花多长时间也完全不知道，游客游览时可能遇到的麻烦或者犯的错误，一些景区也没有资源管理牌示进行提醒。因此，游客对景区整体性感觉较差。

（五）解说纪念品

景区的纪念品也具有解说性，而且由于它是被游客带回家作为对景区怀念的物质载体，因此其解说性的好坏将直接影响游客对景区解说信息记忆时间的长短。如果一个景区的纪念品不能突出景区的价值，与其他景区买到的东西别无两样，这样的纪念品对游客来说没有任何纪念和提醒的意义，而景区也失去了一个能让游客再次回忆这趟旅行的机会，导致游客不想再来。目前，我国很多景区的纪念品都是从浙江义乌批发的，种类极其雷同，缺乏地方特色和创新性，纪念品品质粗糙，如竹制的痒痒挠、塑料蛇等，很难唤起游客的购买欲望。

（六）解说性餐饮服务

吃、住、行、游、购、娱是旅游的六大要素，因此在大部分景区免不了有餐饮服务。我国很多景区的餐饮服务设施相当简陋，出售的东西也很简单随意，如凉粉、豆花等。当然，并不是说这些小吃本身有什么不妥之处，而是呈现方式可以让游客更喜欢和更值得回味。有些景区更是直接引入国外的一些快餐连锁店。其实，景区可以将餐饮服务作为景区解说媒介的一部分。中国作为美食大国，各地的饮食习惯也融合了当地的自然和文化内涵。景区的餐饮服务，可以将中国的饮食文化发扬光大，同时通过美食传递景区以及景区所在地的自然和人文历史风情的解说信息，将美味、美景融为一体。

二、自导解说设计总体策略

自导式解说系统是使用书面材料、标准公共信息图形符号、语音等无生命设施、设备向游客提供被动的、静态的信息服务的系统。它的形式包括解说牌示、游客中心、可携式出版物和多媒体解说系统（又称综合解说技术）等，具有（游览）路线指引、知识传播、危险警示、审美辅助、环境行为引导、突出景区解说主题、环境道德教育等基本功能。

（一）突出景区解说主题

景区各种形式的解说方式，包括向导解说和自导解说，都要突出景区解说主题，所有解说信息都围绕一个主题开展，这样向导解说和自导解说才能相辅相成，更好地将解说信息传递出去。要使景区的解说媒介传递的信息具有主题性，就需要对整个景区的解说系统进行规划，列出主题和副主题，以及相应的表现形式，这样才能达到理想的解说效果。

（二）解说媒介形式与景区艺术设计风格协调

为了使解说媒介在景区内能很好地融入资源当中，对解说媒介的设计就要进行全面的统筹，包括对景区自然、人文、历史资源的解读，挖掘其中的艺术价值，同时考虑当地的气候条件和解说媒介的后期维护工作等。只有这样，设计出来的解说媒介才能既美观大方，又经久耐用。

（三）寻找新的解说信息传递方式

现在新媒体发展很快，各种信息传播方式层出不穷。景区要抓住公众接收信息方式的变化，不断更新景区解说信息的方式。例如，鉴于很多中国游客使用微信这一交流方式，美国加州旅游局就鼓励加州的景区使用微信对中国游客传播各种解说信息。除了传统的解说媒介，景区还可以引进智慧旅游系统，将解说信息更快和更有效地传播给智能化时代的公众。

三、向导式解说总体思路

向导式解说系统，亦称导游解说系统，以具有能动性的专门导游人员向旅游者进行主动的、动态的信息传导为主要表达方式。它的最大特点是双向沟通，能够回答游客提出的各种各样的问题，因人而异地提供个性化服务。人在向导式解说中扮演着很重要的角色，向导式解说可以结合自导式解说系统，但是讲解人员的讲解质量在很大程度上会影响到参与者对于自导式解说系统的感知，因此讲解人员应当把握一定的讲解技巧，讲解技巧可以参考前文的活动引导技巧。为了提高向导式解说的质量，我们可以参考以下方面：

（一）注重个体差异需求

不同年龄阶段、不同家庭背景的参与者，在行为表现上会有所差异。进行自然教育解说时，解说员应当提前了解参与者的差异，并做好讲解内容的准备，而不是一份讲稿通用到底，这要求讲解员要能够灵活地应对各种不同的场景和不同的人群。

（二）有效利用自导式解说系统

自导式解说系统可以为讲解员提供讲解思路和讲解内容，讲解员应该充分利用好现有的资源，这样也可以更有效地引导参与者跟从讲解员的讲解思路。

（三）注重互动参与

自导式解说的解说质量是与解说员息息相关的，如果解说员没有顾及参与者的感受，只会背解说词，那么就会在很大程度上降低参与者的兴趣，甚至会影响参与者的情感态度。因此，讲解员应该注重与参与者的互动过程，可以采用反问的方式，引起参与者对此讲解内容的兴趣，也可以让参与者进行猜测，总之就是要调动参与者的参与激情，最终才能让参与者真正达到体验的目的。

四、环境解说原则在景区自导解说媒介设计中的应用

（一）媒体设计

多媒体素材的设计和制作需要邀请专业的影视制作团队，并且聘请资源专家和解说专家作为顾问，这样才能保证多媒体素材的艺术性、科学性和关联性。多媒体材料要根据受众的兴趣点，将实景拍摄、动画、高科技特效等进行融合，这样才能达到较好的展示效果。游客来到景区主要还是赏景或者赏物的，所以用于宣传和解说的多媒体材料时长都不要太长，控制在 3 分钟以内比较好。对于珍稀的景区资源，可以制作精美且时长较长的纪录片光盘用于售卖。由于影视制作公司费用比较高，对于经费不足的景区，可以先制作一些时长较短的材料，然后逐步扩展多媒体材料的内容。在申请多媒体制作和播放项目时，景区管理者不但要把多媒体制作费用、设备购买费用算进去，还要把设备后期维护费用统计进去。对于经费充裕的景区，损坏的多媒体设备要及时修复，有助于将美好的声音和画面传播给更多的受众。

（二）解说牌示

解说牌示的设计分为两部分——牌示外观设计和解说牌版面设计。解说牌的外观形状不一定非要用长方形或者正方形。设计者可以根据景区资源的特点、解说内容的特征、解说牌放置处的环境背景等设计具有吸引力的解说牌，这样才会对解说内容具有揭示性和艺术效果。

解说内容的展示要遵循色彩搭配的原则，文字控制在 100 字以内，最好有图表或者照片用于辅助说明文字。在解说牌的版面设计上，可以采用互动装置、立体展

示或者小沙盘等设计。优胜美地国家公园的解说牌采用立体铜铸的方式展示了瀑布的地质构造，十分形象。解说牌的内容和图片要深入揭示景区资源的外形特点、结构特征、在生活中的利用情况和生境背景。例如香港太平山步道两旁的解说牌就很好地将植物的作用与公众的生活联系起来。同时，遵循视觉艺术效果的颜色搭配也会让解说牌更有艺术性。例如美国黄石国家公园的解说牌很好地展示了公园的色彩美。当然，无论是解说牌的外观设计还是解说牌内容排版的设计，运用解说原则创作的解说牌的费用将比常规的解说牌费用要高。

（三）解说出版物

解说出版物在外形上与解说牌一样，不应拘泥于正方形或者长方形。同解说牌类似，可以根据景区资源特点、解说牌放置的环境背景等来设计形状和颜色具有吸引力的出版物。这样的解说出版物本身就具有解说内容的揭示性以及视觉的艺术性。解说出版物的内容编排要注意字体的大小、图片和照片的精美程度以及色彩的搭配。当然，不规则的和高质量的解说出版物的制作和印刷费用会比较高。

（四）解说步道

无论室内还是室外，景区步道都要具备防滑功能。在自然类景区，解说步道要与自然环境相协调，尽量采用自然材料，例如石质或者木质，最好不要硬化路面，甚至可以是自然走出来的路径。但是不可以让景区随处都走出"解说步道"。步道两旁要配合使用解说牌示，包括吸引物解说牌示和景区管理牌示。景区管理牌示要告知游客不能随意走出步道的原因以及去不同景点的距离和时间提示。步道两旁的休息处和垃圾放置处也要体现解说六原则。例如休息座椅的外形设计可以与景区的解说资源相关联，同时兼顾实用性和环境协调性。垃圾放置处的外形设计也可以呈现景区整体的艺术设计风格，同时兼顾环境保护宗旨。

（五）解说纪念品

事实上，景区纪念品也承载了解说功能，既能与游客生活相关联又有景区资源的揭示性，同时兼顾艺术装饰效果。例如台北"故宫博物院"和观复博物馆的文创商品就非常受游客欢迎。台北"故宫博物院"将清代郎世宁的《樱桃双雉图》，制作成文创水杯，游客不但能日常使用，同时还可以细细品味郎世宁的这幅画作。观复博物馆的仿清乾隆粉彩鸡缸杯，不但可以给游客用作茶杯，也可以让游客细细品味清代乾隆时期粉彩的艺术价值以及鸡缸杯在中国文化中的寓意。游客虽然不能将景区的珍稀动植物或者稀世珍宝拿回家，但却可以通过购买纪念品，回去慢慢品味解说资源的特色和文化历史内涵。

（六）解说性餐饮服务

在景区提供的饮食服务中，也可以提供景区资源解说。例如，在一些农业休闲体验景区，游客亲自采摘，当场食用或者在景区内加工后食用。一些景区开辟出与景区资源相关的特色餐饮店铺，例如广州长隆酒店的白虎自助餐厅。一些景区的餐饮区提供与景区解说资源相关的特色餐饮，例如湖南省博物馆室外咖啡厅提供的蛋糕和咖啡杯都是根据馆藏布锦图案定制的，游客在品尝美食的过程中，还可以欣赏布锦的美。借鉴解说资源的外形特点制作的食品，既增加了食品外观的艺术性，又具有解说物揭示性，同时还体现了景区解说系统的整体性。

第四节 自然研学教育中的解说技巧

首先，无论采用何种解说方式，都需要明确解说主旨。解说主旨连接资源与更普世的概念、意义、信仰和价值，帮助受众理解资源的重要性，为解说内容提供组织结构和明确的目的。主旨开发的要点包括：发掘解说对象背后的意义；使用对人们有普遍吸引力的通用概念（universal concept），如创意、价值、挑战、人际关系、需求或情感等；用一个包含通用概念的句子来陈述解说主旨，让受众了解到资源是富有意义的并且感受到资源保护的重要性；结合生态学原理和保护生物学的热点问题开发解说主旨，以达到环境教育的目的。以解说主旨为主线，综合受众的需求与特征分析、资源信息（来自自身的解说资源库）及合适的解说技能，组织解说内容，设计解说方案。解说方案形成后，在面向生态游学夏令营、社区青少年及解说员等不同群体的解说或自然体验活动中记录受众感兴趣的资源；在解说结束后，收集受众反馈，对解说活动进行总结，对解说资源进行补充调查，优化解说方案，更新自身的解说资源库。

例如，我们在设计九寨沟自然研学解说内容时，将大熊猫主食竹种华西箭竹（*Fargesia nitida*）与"栖息地完整性"这一保护生物学概念相联系。解说内容概要如下：完整的栖息地有利于野生动物通过自由迁移获得必需的资源（如食物和交配的机会），使其更能适应环境的变化而生存下来。九寨沟的研究记录为我们展示了一个真实的案例：1983—1985 年九寨沟华西箭竹的开花使得大片成竹死亡。由于大熊猫 99% 的食物是竹子，竹子周期性开花死亡的特点会给大熊猫的生存造成压力。此时，如果生态系统中有多种竹子，那么大熊猫仍有替代竹种可供利用；如果没有其他竹种，那么大熊猫就必须迁移到别的地方去寻找食物。不幸的是，迄今为止，我们发现九寨沟只有华西箭竹这一种竹子；幸运的是，与九寨沟相连的还有王朗、白河这样一些保护较好的地区，为大熊猫提供了避难所。所以大熊猫得以顺利外迁找到有足够食物的栖息地，并在竹子恢复后能够重新归来。近几年，九寨沟又陆续发现新的大熊猫活动痕迹。如果栖息地完整性遭到破坏，大熊猫就很容易被隔离在资源有限的生境斑块中而变得岌岌可危。如今，为了保护大熊猫，我国政府建立了大熊猫国家公园，将更多的栖息地连接起来，同时让这片原始森林和里面丰富的野生动植物也得到了有效保护。由此可以得出解说主旨："大熊猫是原始森林的保护伞"。进而，引入保护生物学中的一个概念：伞护种（umbrella species），指那些生存环境需求能够涵盖许多其他物种生存环境需求的物种。用这样的方式激发受众对于科学概念的兴趣。

其次，建议使用有趣的主旨来激发受众的好奇心和兴趣，这样的主旨更容易记忆，其背后的故事也更生动，有助于达到解说的效果。解说主旨在科学严谨的同时，可以适当采用比喻、拟人等修辞手法。

再次，解说方式的选择应考虑受众的接受度，避免难懂的专业术语或太过复杂的信息。例如五感体验就比单纯提供生物学知识更有趣。如果受众是少年儿童，类似"大熊猫是原始森林的保护伞"这样的主旨陈述还可以跟卡通里的人物形象联系起来，建立孩子们与解说资源背后意义的连接，有助于赢得孩子们对解说员的信任。

复次，解说媒介的选择需考虑资源的特点，例如地质与水文类的资源适合采用图文并茂的解说牌示来展现其产生机制；动植物与菌类因具有时空分布变化而需要一定的观察力，人员解说能够提供更为深入的引导和探索体验。

最后，每个受众观察的角度不必都相同，与受众互动交流并启发思考是必要的，例如沼泽化作为芦苇海的自然演替过程，我们是否应该收获一定量的芦苇（*Phragmites australis*）和香蒲（*Typha latifolia*）以维持当前的景观？

第六章　安全管理

第一节　风险管理的定义

德国社会学家卢曼说，我们生活在一个"除了冒险别无选择的社会"。人们在生活工作中无时无刻不充斥着风险。风险包围着人们的同时，人们也在制造着风险。多年来，各学科的研究学者都对风险进行了研究并从各个角度定义风险的概念。美国学者海恩斯于 1895 年在其所著的《经济中的风险》一书中最早提出风险的概念，他将风险定义为"损害或损失发生的可能性"。风险的最本质的特性就是它具有随机性，如果某种行为存在很大的不确定性，那么这种行为本身就具有很大的风险。

项目风险是指由于项目所处环境和条件等方面的不确定性与项目相关利益主体认识能力有限，从而使项目最终结果与项目相关利益主体的期望产生背离，最终给项目相关利益主体带来损失或减少收益的可能性。而风险管理是指如何在项目或者企业一个肯定有风险的环境里把风险可能造成的不良影响减至最低的管理过程。包括风险的量度、评估和应变策略。

第二节　风险评估

2016 年《教育部等 11 部门关于推进中小学生研学旅行的意见》（以下简称《意见》）发布以来，中小学生研学旅行得到了逐步开展，在促进学生成长和全面发展等方面发挥了重要作用。在中小学生研学旅行过程中，安全问题是全社会最关注的问题。当前，虽然研学旅行实践中发生的安全事故只是少数，但随着研学旅行规模的不断扩大，潜在的安全风险势必加大。因此，加强对研学旅行的安全管理，预防安全事故的发生，显得十分迫切和重要。

根据研学旅行的规律和特征，研学旅行要素划分为：主体是参加研学旅行活动的中小学生；客体是决策研学旅行活动开展、组织并保障学生活动及安全工作，且为学生提供综合实践体验平台和活动载体的教育部门和学校；中介体是为参加研学旅行的学校组织提供研学旅行目的地，且具有开展研学旅行活动旅游资源的旅游景区、研学基地等相关企业。概括起来，学生是研学旅行活动开展中的主体，客体和中介体包括政府、学校、机构、旅行社、景区、基地和后勤保障部门。因此，研学旅行的安全服务体系是一项涉及安全服务单位多、关联业态多、参与人数多、服务环节多，涉及安全内容多、安全风险点多、安全管控难度大的系统工程。安全服务单位涉及政府、学校、机构和研学目的地等多个部门，安全内容涉及交通安全、食品安全、住宿安全、身体安全、心理安全、财产安全、景点安全、活动安全等多个方面。

中小学研学旅行安全事故是指学校在进行研学旅行过程中，中小学生在参加学校的研学旅行课程时，因为各种原因导致其身体遭受伤害或者突发疾病的安全事故。按事故发生的性质来说，可以分为责任事故与非责任事故两种类型。责任事故的发生是可以预防和避免的，但却因为没有及时预防而造成的伤害事故。非责任事故主要包括自然灾害事故和技术事故，比如地震、雪崩、山体滑坡、泥石流等造成的伤害事故。如果按照特点来划分，有突发性和非突发性的事故，如果按照伤害发生的程度来划分可以分为轻伤事故类型、重伤事故类型、死亡事故类型与特别重大事故类型。从程度上来说，研学旅行安全事故可分为一般事故、重大事故、特大事故和特别重大事故四个等级，伤害程度的鉴定标准见表6-1。

表6-1　中小学研学旅行安全事故伤害程度的鉴定标准

序号	类别	鉴定标准
1	一般事故	是指造成3名游客以下死亡，或者10人以下重伤或食物中毒，或者涉旅企业1000万元以下直接经济损失的事故
2	重大事故	是指造成3名游客以上10名游客以下死亡，或者10人以上50人以下重伤或食物中毒，或者涉旅企业1000万元以上5000万元以下直接经济损失的事故
3	特大事故	是指造成10名游客以上30名游客以下死亡，或者50人以上100人以下重伤或食物中毒，或者涉旅企业5000万元以上1亿元以下直接经济损失的事故
4	特别重大事故	是指造成30人以上死亡，或者100人以上重伤或食物中毒，或者涉旅企业1亿元以上直接经济损失的事故

研学旅行是中小学的一门必修课程，是一种有目的、有组织、有计划的教育活动，但在研学旅行安全保障体系的完善工作上做得不够。当前，在研学旅行过程中，中小学生安全问题是全社会最关注的问题，在研学旅行实践过程中，虽然意外事故只是少数，但是随着研学旅行的规模不断扩大，学生人数也随之增加，事实上每年的事故发生率呈现整体上升的趋势。为此，加强和完善学生安全管理工作，提高中小学生的自我保护意识和能力，显得十分迫切和重要。本节将从学生和学校两个层面去分析研学旅行安全问题的成因。

一、学生方面

研学旅行作为学校教育和校外教育衔接的创新形式，是综合育人的有效途径。中小学生作为研学旅行的主体，有着自身的特点，面对研学旅行这种新的综合实践活动课程，暴露出一些自身的弱点，主要有以下几个方面。

（1）中小学生的安全意识薄弱。从安全方面考虑，中小学生作为弱势群体，缺乏自我保护能力，学生的安全防范意识淡薄。中小学生年龄相对偏小，大部分学生对研学旅行缺少安全防范和自我保护意识，缺乏对社会的了解，有较大的盲目性和随意性。虽然大部分同学对研学旅行都充满积极性，但由于学生欠缺校外活动的经验，动手操作能力偏弱，加上学生生活知识偏少，不知如何做好研学旅行的安全防范工作。因此，带来了一定的安全隐患，这是研学旅行安全事故出现的重要因素。

（2）中小学生普遍缺乏安全教育。在研学旅行过程中，因为学生人数多，且组织难度较大，对学生安全教育做不到位，出现敷衍了事的情况。而且，在研学旅行过程中，参与的老师少，学生比较多，学生的年龄小、专业化的安全教育不够、组织经验不足、学校策划方案不周密等因素，导致中小学生缺乏安全教育。学校的安全制度也趋于形式化，没有起到制约管理的作用。即使有安全教育，也因为缺乏安全教育资源，没有得到落实，仅仅是为了完成任务，思想上不重视，内容上趋于形式化。有些学校宣传工作不到位，一味地抓"升学率"、学生的比赛名次等一些显著性指标，对研学旅行的关注不够。

（3）中小学生心理素质较差。研学旅行是一项注重体验性和探究性的校外活动。因为研学旅行课程有明显的挑战性和探险性，所以参与研学旅行时就需要学生有较好的心理素质，当学生遇到突发情况和问题时，都能够做到慎重对待。再加上学生知识结构不太合理，知识面相对狭窄，思维模式比较单一，面临新问题时常常不知所措，出现紧张、恐惧和逃避的现象。目前来说，大部分学生缺乏校外实践经验，心理素质普遍偏差。有的学生不能很好地适应新的学习环境；受家庭环境方面的影响，有的学生在性格方面比较孤僻，不太愿意与同学相处等。这些容易引发新的心理疾病，要及时对学生疏通，防止学生做出一些我们意想不到的事情，比如打架斗殴、恶意破坏公共财产等行为。

二、学校方面

"学校是教育的核心单元，学校管理是学校开展各项工作并得以高效运行的重要保障"。研学旅行是集体活动，学生数量较多，管理难度较大，所以，必须借助老师和学生等力量，构建班级管理体制，确保研学旅行的高效进行。

（1）学校管理制度不完善。强化学校管理制度，对加强研学旅行安全问题具有重要的作用。目前来说，学校是研学旅行的主要管理者，但学校并没有很好地发挥作用。其一，有很多学校在学生研学旅行方面，并没有制定相应的管理制度。目前的情况显示，大部分学校缺少对学生突发情况的预案，导致很多学生在遇到突发事件时，经常惊慌失措。其二，学校对研学旅行的组织者和学生的监督管理和技术指导不够，导致学生研学旅行的随意性大，思想上不太重视。在安全监管方面，学校对相关部门的教学和生活等的监管不到位。比如后勤部门和饮食部门对学生的食物监管不到位，容易因食物过期变质发生食物中毒的情况。其三，在组织方面，因学校没有专业教师的指导、在研学旅行过程中缺乏完善的研学计划和方案，并且师生之间没有很好的沟通和交流、对潜在的风险认识不够充分或者研学旅行的时间过于紧迫等原因，造成学生间踩踏事故的发生等。在环境因素方面，学校没有充分考虑环境因素的影响，天气的骤然变化、洪水、温度的骤变、山体滑坡、雪崩等都可能对学生的安全造成危害，这些方面必须考虑清楚。

（2）学校救援系统不到位。学校需要建立必要的救援系统，进一步完善学生的安全体系。健全的救援体系是确保学生研学旅行安全的重要一步，对学生研学旅行发生安全问题时的救援有关键性作用。在实践中，尽管我国在学生安全方面取得了一些效果，但是还没有达到科学、规范、高效的程度，所以我国研学旅行安全救援系统还需要进一步完善。

（3）学校缺乏必要的安全设备。对于校外活动来说，必要的安全设备必不可少。研学旅行过程中，如果设备质量不好，或者出现老化、破旧等现象，都会给研学旅行的安全问题带来很大的威胁。在研学旅行前，一定要对基地的设备进行仔细的检查，避免发生不必要的安全问题。由于学生数量多，学校必要时可购买必要的安全设备，为研学旅行的安全问题加一道防线。

从近几年中小学研学旅行的安全事故来看，主要为自然灾害、事故灾难、治安事件和卫生事件四种主要事故类型，影响因素虽错综复杂，但概括起来主要受四种因素影响：一是人为因素，此类事故主要为事故当事者或第三人的过错或非故意行为所导致；二是环境因素，此类事故主要由公共环境和卫生环境影响而引起的事态，以及由不可抗力如地震、台风、海啸等所引起的安全事故；三是管理因素，此类事故主要体现为研学旅行组织方未健全学生管理机制、研学营地安全管理制度不完善或研学旅行目的地治安状况混乱等；四是设施因素，此类事故也称机械因素，主要是由于研学营地服务设施不完备或存在运行缺陷，导致意外事故发生。

研学旅行的安全问题是一项长期存在的问题，我们必须时刻保持高度警惕。研学旅行的顺利开展必须首先解决研学旅行的安全问题，这对我们来说是个巨大的挑战。目前，中小学研学旅行安全事故发生的内容按严重程度来分有以下几个方面：其一，安全事故发生的可能性。尽可能地减少容易引发事故的活动项目，尽可能地运用简单的研学活动，可以避免事故的发生。其二，安全事故发生的严重性。有一些项目的危险性不大，但是容易导致恶劣的影响，比如容易发生休克、猝死等事件。其三，安全事故的可控性。建立一个科学、合理、规范的研学旅行安全保障系统，是研学旅行健康、可持续发展的根本保障。

风险评估的整体工作是一个比较系统的过程，评估的步骤主要包括风险识别、风险分析以及风险评价，如图 6-1 所示。大型活动安全风险评估也是如此。风险评估工作可以用于各个方面，评估的范围也从大型项目到具体事项等。不同环境下不同类型的风险评估，在评估时所选用的方法也会有所不同。风险评估工作可以帮助相关管理者对可能存在的风险，发生的原因以及可能造成的后果有更加全面的了解和认识。

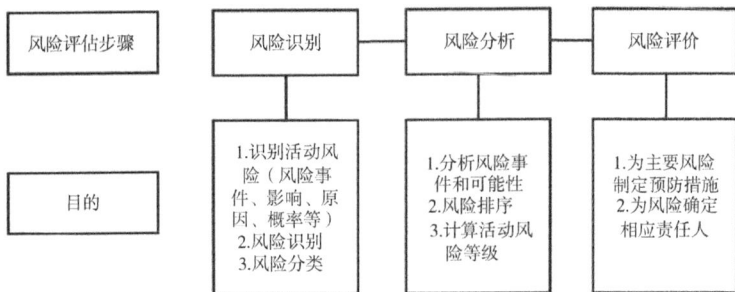

图 6-1　风险评估程序

第三节　风险管理流程

安全风险管理体现在自然研学活动的设计和执行的各个阶段和环节中。比如，在前期要对活动场所进行实地踩点，评估是否存在安全隐患，并提出相应的解决措施。此外，活动开始时，要提前告知参与者活动过程中的安全注意事项。在活动中，要实时关注参与者的活动行为，看其是否会带来安全隐患，并提醒参与者。同时一定要配备相关的医护专业人员，以备不时之需。活动结束后，应该对此次自然研学活动途中遇到的突发状况进行总结，并对行程前的安排是否到位进行反思，将存在的问题和做得好的方面进行总结归纳。只有在一次又一次的活动评估和总结中，才能逐渐形成一个严谨的安全管理流程。但是总体上对于活动风险管理，也是一个可参考的流程，如图 6-2 所示。

自然研学旅行安全保障服务的中心是人，保障安全的核心亦是人，安全保障的重心也是人的安全。思想决定行动，研学旅行的安全保障也一样，所有研学旅行的组织者、参与者都要从思想上高度重视，筑牢研学旅行"安全思想防线"。那么，应该如何做好研学旅行活动途中的安全管理呢？我们可以从以下三个方面来尽可能降低风险：

一、构建"四位一体"联动机制，形成自然研学"平安锁"

针对中小学生研学旅行活动，其安全管理需构建家庭、学校、研学机构、研学目的地"四位一体"的联合管控机制，实施安全管理工作的紧密衔接和无缝对接，确保研学旅行安全顺畅开展。

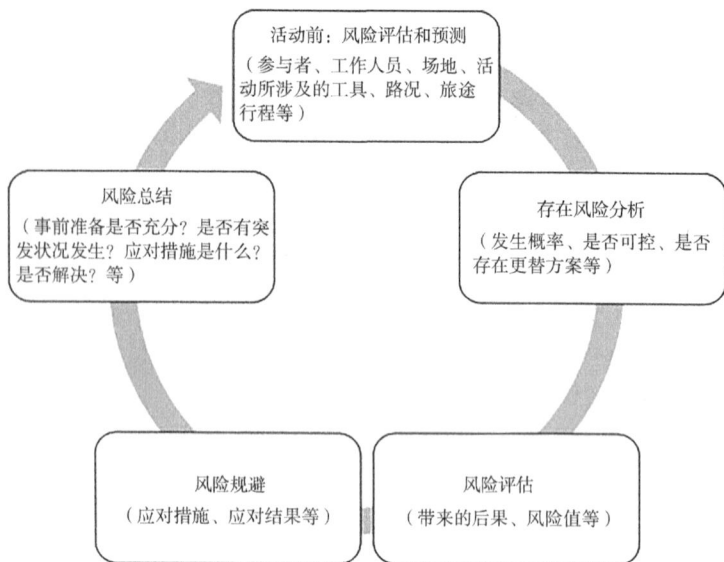

图 6-2　活动风险管理流程

首先是研学机构要建立畅通的研学沟通渠道。信息沟通要提早、及时、精准，多方信息要保持一致、同步、对称。并通过书面和微信等多种方式，实现研学目的地与服务机构，服务机构与学校家庭，学校家庭与学生相互之间的安全信息的精准无误、全面沟通和传达，使研学旅行工作在实施前得到多方认可。其次是层层签订安全责任书。即根据具体的研学旅行的要求，拟定针对性强的安全责任书，学校与研学机构，研学机构与汽服公司和餐饮酒店服务企业、研学目的地都要签订专项安全责任书，明确各自的安全工作职责和安全工作要求，做到权责明晰，全面详尽准确。通过构建"四位一体"联动机制，形成研学旅行的"平安锁"。

二、构建专业队伍，构筑自然研学"安全屏"

首先是要配备基本的研学导师、安全员、辅导员等人员，有条件的需配备从事青少年疾病防控工作或户外救护经验丰富的医师，青少年心理学辅导老师，旅游客运驾驶经验丰富的驾驶员，从事过酒店管理或餐饮服务的人员，带团旅游经验丰富的导游等作为研学旅行的专职或兼职老师。

其次是要对研学旅行的从业人员在岗前、行前、行后开展相关的安全法律法规、安全管理制度、安全操作流程、安全岗位职责等日常化系统性培训，并聘请有关专业人士，围绕研学旅行相关的乘车安全、交通安全、消防安全、餐饮安全、住宿安全、心理安全、旅游安全等方面，开设心理辅导、应急疏散、紧急救护等专业课堂，对从业人员进行不定期的安全培训。

此外是要选派能力强、经验足的领队人员，组建安全小分队，对每次研学旅行的安全关键部位、重点环节和危险风险点，提前开展实地全面摸底排查，详细制定切实有效的安全防范预警措施，并开展实际模拟演练，做到行程心中有数，防护措施得当，安全责任到人。用专业的服务队伍，以严谨周密的工作部署，构筑研学旅行的"安全屏"。

三、创新安全课程及评价，延伸自然研学"服务链"

首先，创新安全课程的研发设计要把安全课程贯穿于研学旅行全过程。针对不同年龄学生的特点，结合研学旅行的内容，创造性开发安全体验类的课程。例如可将通过简笔画讲授的方式，绘制有关旅行财产安全的知识；可将乘车安全课程设置在客车上，引导学生观察车辆所配备的灭火器、安全带、安全锤、安全门、安全窗等安全器材，让学生认识安全带的作用、佩戴方法和设计原理，现场模拟教学紧急情况下这些安全器材的使用方法等，通过亲身体验、简单易懂的方式将安全知识渗透到研学旅行活动中。

其次，要加强创新安全课程的宣教方式。即可根据不同年龄段的学生特点，以游戏渗透式、故事导入式、情景表演式、活动体验式、案例剖析式等多种方式，如围绕"安全带＝生命带"等安全主题开展同学们喜闻乐见的活动，寓教于乐，让学生们通过不同的活动，了解安全的重要，感悟生命的珍贵。在学生们的心中播撒遵守规矩、收获安全的种子。

研学实施单位需要建立安全评价体系，在研学行前做好安全隐患排查，行中做好安全过程监控，行后做好安全回顾总结，经常性开展安全"回头看"。对每次研学旅行存在的安全管理漏洞和不足，对可能诱发事故的安全风险点及时地收集整理，制定出切实有效的改进措施，为开启下一次的安全研学旅行打好基础。同时也可建立竞争机制，评价结果与承办单位信誉等挂钩，优胜劣汰，末位淘汰。更要不断学习总结全国先进地域研学旅行安全管理的先进经验，对一些典型的案例进行深入剖析，分析原因，结合自己的实际情况，梳理总结提炼成自己的安全管理工作举措。

总之，针对中小学生研学旅行的需要，建立全面完善系统的安全管理制度是基础保障。研学旅行实施单位应编制研学旅行的安全手册、各种安全责任书、各类安全应急预案、各种活动的安全操作程序、签署保险等，而且这些制度要根据具体的群体和活动内容不断地及时进行动态修改完善。

组织学生外出活动，应该提前一周拟订活动计划和安全应急预案，切实做到"活动有方案，行前有备案，应急有预案"。学校自行开展研学旅行，要与家长签订安全协议书，组织购买该项活动的学生意外伤害保险和校方责任险，明确学校、家长、学生的责任权利，告知家长活动意义、时间安排、出行线路、费用收支、注意事项等信息。学校委托开展研学旅行，要与有资质、信誉好的委托企业或机构签订协议书，明确委托企业或机构的相关责任。开展研学旅行活动的学校行政管理人员、班主任、学科教师和其他管理人员务必保持通信畅通，逐级随时报告遇到的突发情况。带好应急防护药品。组织研学旅行活动时，要提前对学生身体素质情况进行排查摸底，对有心脏病史、花粉和植物等过敏史的学生做到心中有数，随队医生务必准备和携带防护药品，有备无患。带好防护雨具和衣物。户外天气复杂多变，温度高低不一，要教育引导学生携带好防护雨具、防晒用具和衣物，防止因暴晒、雨淋引发身体疾病等。

在自然教育活动中，常用的风险管理的工具——风险管理表，一般多使用"五步法则"，即：

危险因素识别。风险管理的第一步是进行危险因素识别，即分析整个活动的环境、人以及医疗装备可能造成的危险、事故和损失、危险与潜在危险，并进行排列。

风险分析。进行危险列表的风险分析，主要从这几个方面进行：危险、事故可能发生的机制和原因、什么地段发生、什么情况下发生、什么人最容易发生，特别要注意动态因素。

安全控制。根据风险分析确定风险的可能伤害程度，对风险的防范和应对手段，选择低风险和最小损失方法，并准备预案。重点从老师的角度提高安全控制能力。

风险评估。对危险因素识别、风险分析和安全控制进行检查、评估，检验风险管理的合理性、有效性、预测性和低风险及最小损失方法，并针对实际发生状况进行对比和为以后的风险对策积累经验。

风险对策。根据实际发生状况的记录和管理评估，回顾并修正今后安全控制手段，提高风险管理水平。

实际操作中，风险管理表只体现危险因素识别、风险分析和安全控制。其中危险因素识别和风险分析可以进一步细化。

第四节　风险处理方法

研学旅行安全需要事无巨细考虑周全，要认识安全风险类型，包括研学场地、交通餐住、学生管理、气象等方面。活动开始前要提前踩点，将危险扼杀在摇篮中，踩点内容包括地理背景整体环境、活动范围规划、讲解点的选择、隐患地点标记等，还要关注交通餐住的所有细节。在活动开展过程中，要做好告知工作、师资配备齐全、与学员和家长及时沟通等。遇到意外事故，要遵循紧急处理的原则，还要注意当事学生和其他学生的心理疏导。

一、树立正确的安全观念和风险意识

为了保障儿童户外活动的安全性，首先，我们应树立科学的安全管理意识，即正确看待安全和风险之间的关系。风险是对目标实现产生不利影响的不确定事件发

生概率的累计结果，属于中性概念；危险指可能遭遇的不幸或灾难，是一个消极概念。由此可见，风险并不代表危险，某些风险因素，例如高度变化可以给予儿童发展的益处。若是对儿童没有益处，反而导致危险发生的因素，例如锋利的边缘，则需进行清理或移除。其次，绝对安全是不存在的，我们要做的是在风险和安全之间寻求平衡，创造必要的安全环境。实践证明，将儿童置于可控且有一定风险性的环境中，他们会逐渐建立起风险管理能力，即当一种行为不再有趣而开始变得危险时，他们可以学会自我评估，判断发生风险的可能性以及自身能力能否应对风险带来的不良后果。

二、提升教师的观察和安全管理能力

在森林幼儿园中，观察是教学方法中的一个重要组成部分，教师并非主导者，而是安全保护者和行为观察者。首先，无论开展何种户外活动，保障儿童的生命安全和体验的舒适感都是一切工作的前提。当进行探索和游戏活动时，教师退居幕后，不过多插手儿童的活动。此时教师的角色是行为观察者，确保儿童在视线范围之内，观察儿童与环境、材料的互动，活动过程中遇到的风险，思考哪些是提前有所预判、哪些是没有考虑到的，收集和记录这些观察内容，为将来的安全指导提供素材和启发。其次，教师应不断提升安全管理和应急处理能力，可以从安全知识与实践能力两方面着手。一方面，教师需要掌握伤口包扎、心肺复苏、黄金救援时间等安全急救知识，同时需要了解儿童的生理结构和心理发展特点。另一方面，教师可利用社会资源，参加相关的课程培训并考取急救证书，如中国红十字会救护员培训证书。

三、建立动态灵活的检查评估系统

针对自然资源的危险性和特定活动所面临的风险隐患，首先应识别可能造成伤害的因素，其次评估危险造成伤害的可能性及其严重程度。管理者可制定具有可操作性的检查评估表，指标包括伤害发生的可能性、受伤的严重性、风险系数等。接着，在合理可行的情况下实施最有效的措施并再次进行核查，直至将风险隐患和事故概率降至最低。同时，记录评估检查者的名单和时间，检查者可撰写检查笔记，记录哪些防范措施有效地规避了风险、哪些防范措施有待加强或完善，事后进行整理归纳。需要注意的是，检查评估表并不能囊括户外活动的每一个元素，只能涵盖可能或经常发生的内容。除了正式表格，检查评估还可以随时随地融入户外活动的各阶段，例如在正式前往某个自然环境之前，教师与儿童一起评估场地的风险因素、生态价值和游戏价值。

四、给予儿童管理风险因素的机会

英国皇家事故防预协会的彼得·赫塞尔廷谈到为儿童建造户外活动场的想法时

说："虽然我们建议把任何危险的东西都移除，但儿童仍然在受到伤害。我们忘记了建造户外活动场的原因和初衷，那是儿童玩耍的地方。我们撤走了设备，做了过多的检查。一切设施上都有保护措施。我们把户外活动场弄得非常无聊，以至于任何有自尊的儿童都会去别的地方玩，去那些更有趣、更可以冒险的地方。这说的一点儿也没错。"风险或伤害的感知能力是影响行为的关键因素。安全具有主体性，保障安全最为根本的措施乃是发展主体能力，使其能更好地应对环境中的风险变数。在一个可控的环境里，教师需要确保儿童有机会参与新的体验，探索极限，学习如何识别风险因素，并且尝试解决面临的风险挑战。例如，在恶劣天气中选择合适的衣物保持身体暖和干燥，年长儿童学习选址、建造和生火，从而积累应对不可测风险所需的经验，提升风险管理能力，保护自我生命安全，逐渐习得步入社会后所需的重要生活技能以及学会主动承担风险背后的责任。

第五节　自然研学旅行中的安全管理

自然研学旅行安全管理是指研学旅行的组织学校和承办机构按照双方签订的安全责任书所确定的安全职责，在其安全职责范围内制定、执行各项安全管理规定、方案和预案。研学旅行安全管理中，要遵循"安全第一，预防为主"的方针。国务院《关于促进旅游业改革发展的若干意见》明确提出，"研学旅行组织原则"为"教育为本，安全第一"。自然研学旅行安全管理的任务，必须以预防为主，积极消除隐患，确保安全完成研学旅行各项任务。在研学旅行安全管理过程中，各部门必须相互协作，密切合作。

自然研学旅行安全管理的另一个目标是尽量减少研学旅行中的人员伤亡和财产损失，降低突发灾害造成的破坏和影响。一旦发生安全事故，必须尽量使损失不再扩大，最大程度降低损失。

一、策划设计阶段

自然研学旅行安全管理在策划设计阶段的任务是做好安全防控和评估工作，做好自然研学方案行程线路安全评估、安全方案和应急预案。从源头上筑牢安全防线，在自然研学活动开始之前进行安全设计与评估。

二、采购定制阶段

自然研学旅行安全管理在采购、定制阶段的任务是在供应商的选择和资质审核上，要细致分析，充分了解供应商的资质，选择合适的供应商。避免因为采购不当，选择不合格的供应商提供的产品，在行程中出现安全隐患。

三、执行实施阶段

研学旅行安全管理在采购、定制阶段的任务在执行实施阶段，主要通过行前、行中和行后三个阶段进行。

在行前阶段，主要有将行程安全方案、应急预案送审、备案到相关职能部门，对师生开展安全教育，研学旅行组织机构的安全及应急物资准备，票据核对，学校和研学组织机构之间关于安全的沟通和确认等具体工作，并对自然研学地点进行踩点，排除安全隐患。

在行中阶段，要对可能发生的安全问题和影响人身安全的紧急情况，进行安全警示；监督学生在研学旅行过程中的行动安全；监视、反馈研学活动中的环境、旅行环境安全等；紧急处理安全事故或者危机事件。

在行后阶段，主要开展的工作是研学旅行活动的安全总结，总结经验和教训。同时，进一步增强安全管理意识，促使研学旅行工作人员不断巩固安全知识，提升安全管理技能。

参考文献

［1］陈东军，钟林生. 我国研学旅游历史发展与思想演变［J］. 地理教学，2020（23）：54-55.

［2］陈南，吴婉滢，汤红梅. 中国自然教育发展历程之追索［J］. 世界环境，2018（5）：72-73.

［3］崔丽娟，王义飞，张曼胤，等. 国家湿地公园建设规范探讨［J］. 林业资源管理，2009（2）：17-20，27.

［4］邓月. 关于研学旅行安全管理的思考［J］. 西部旅游，2021（1）：79-80.

［5］丁楚晗. 自然教育视角下的亲子露营产品系统设计与研究［D］. 无锡：江南大学，2024.

［6］丁运超. 研学旅行：一门新的综合实践活动课程［J］. 中国德育，2014（9）：12-14.

［7］董艳，高雅茹，赵亮，等. 情境感知视域下研学旅行课程设计探究——以"乔家大院民俗博物馆研学基地"为例［J］. 现代教育技术，2021，31（4）：119-125.

［8］窦瑞，王崑，张献丰，等. 基于儿童自然教育的寒地社区花园景观营造与设计［J］. 北方园艺，2021（8）：79-84.

［9］范存祥，冯宝莹. 广州海珠湿地自然学校的建设与运营策略［J］. 广东园林，2019，41（5）：28-31，2019.

［10］广东省林业政务服务中心，全国自然教育网络. 广东省自然教育工作［M］. 北京：中国林业出版社，2021.

［11］郭熙婷. 卢梭自然教育思想对我国中小学生家庭教育的启示［J］. 教育理论与实践，2019，39（8）：21-23.

［12］何利华，程晓琼. 绿色中国：自然教育实践手册［M］. 北京：科学出版社，2021.

［13］赫睿轩. 基于自然教育的城市游园绿地设计研究［D］. 上海：华东理工大学，2024.

［14］胡家僖. 社区可持续发展的实践探索——以重庆市北碚区为例［J］. 中山大学研究生学刊：自然科学医学版，2017（12）：39-44.

［15］胡毛，吕徐，刘兆丰，等. 国家公园自然教育途径的实践研究及启示——以美国、德国、日本为例［J］. 现代园艺，2021，44（5）：185-189.

［16］黄娟. 具身认知理论视域下研学旅行课程建设探析［J］. 教育理论与实践，2024，44（15）：61-64.

［17］黄丽. 旅游安全需求与消费行为研究——以海南研学旅行安全三维坐标系研究为例［J］. 商展经济，2021（5）：19-21.

［18］黄向. 儿童与自然的人地关系研究：接触、认知与情感［J］. 人文地理，2020，35（6）：9-17，75.

［19］黄雅婷，赵媛. 基于"体验学习圈"的高中研学旅行案例研究——以南京滨江带为例［J］.
　　　地理教学，2020（24）：47-51.

［20］简国新. 做强自然教育 筑牢生态文明建设之基［J］. 中国林业产业，2023（6）：72-73.

［21］蒋佳岑. 基于项目式学习的乡土地理研学旅行课程设计［D］. 大连：辽宁师范大学，2023.

［22］焦荣华. 儿童的自然教育之路［D］. 南京：南京师范大学，2016.

［23］夸美纽斯. 大教学论·教学法解析［M］. 北京：人民教育出版社，2006.

［24］李如友. 生态旅游景区解说系统规划研究——以河南云台山为例［J］. 焦作大学学报，2008
　　　（3）：37-40.

［25］李润虎. 博物教育规范及方法刍议［J］. 自然辩证法研究，2024，40（6）：136-144.

［26］李伟，朱怡诺，崔丽娟，等. 台湾关渡自然公园湿地环境教育探究［J］. 湿地科学，2018，
　　　16（2）：171-178.

［27］李文雅. 英日两国中小学研学旅行实践模式及经验启示［D］. 大庆：东北石油大学，2020.

［28］李鑫，虞依娜. 国内外自然教育实践研究［J］. 林业经济，2017，39（11）：12-18+23.

［29］李娅，余磊，窦亚权. 中国国家公园自然教育功能提升路径——基于国外的启示与经验借
　　　鉴［J］. 世界林业研究，2022，35（4）：113-118.

［30］李圆圆，吴珺珺，董秀维，等. 以自然教育理念为导向的幼儿园户外空间营建策略研究
　　　［J］. 西南大学学报（自然科学版），2021，43（3）：167-176.

［31］理查德·洛夫. 林间最后的小孩［M］. 自然之友，王西敏，译，北京：中国发展出版
　　　社，2014.

［32］林昆仑，雍怡. 自然教育的起源、概念与实践［J］. 世界林业研究，2022，35（2）：8-14.

［33］刘斌，张卫青，王涛耕. 基于项目式学习视域下的地理研学旅行活动设计——以内蒙古察
　　　哈尔右翼后旗乌兰哈达火山群研学旅行活动为例［J］. 内蒙古师范大学学报（教育科学
　　　版），2021，34（3）：128-135，150.

［34］刘定惠，杨文滔，冯传祠，等. 基于"四层一体"理论的乡土地理研学课程设计——以黄
　　　石市上冯村为例［J］. 教育观察，2024，13（8）：5-8.

［35］刘慧. 四川苍溪回水湾湿地公园自然教育体系设计研究［D］. 成都：四川农业大学，2017.

［36］刘敬奇. 浅析生态文明视角下的自然教育［J］. 环境教育，2019（7）：28-32.

［37］刘璐，曾素林. 国外中小学研学旅行课程实施的模式、特点及启示［J］. 课程. 教材. 教法，
　　　2018，38（4）：136-140.

［38］刘霞，冯建军. "双减"政策下的生态文明教育：机遇与实现［J］. 教育研究与实验，2023，
　　　（4）：24-32.

［39］刘艳. 环境解说原则在景区自导解说媒介设计中的应用［J］. 旅游规划与设计，2019（29）：
　　　156-161.

［40］刘悦来，许俊丽，陈静. 身边的自然都市的田园——基于自然教育的上海社区花园实践
　　　［J］. 景观设计，2019（5）：6-11.

［41］刘悦来，许俊丽，尹科娈. 高密度城市社区公共空间参与式营造：以社区花园为例［J］. 风
　　　景园林，2019，26（6）：13-17.

[42] 罗祖兵，刘美辰. 从游学到研学：改革开放以来中小学研学旅行研究的回顾与展望 [J]. 地理教学，2024（2）：59-64.

[43] 马广仁. 国家湿地公园宣教指南 [M]. 北京：中国环境出版社，2017.

[44] 钱静. 缺席的景观：城市规划语境下的社区花园研究 [D]. 南京：东南大学，2011.

[45] 全国自然教育网络. 自然教育通识 [M] 北京：中国林业出版社，2021.

[46] 任唤麟，马小桐. 培根旅游观及其对研学旅游的启示 [J]. 旅游学刊，2018，33（9）：145-150.

[47] 邵君学，罗蓉，谢冬，等. 江苏省天福国家湿地公园自然教育实践 [J]. 湿地科学与管理，2021，17（3）：40-43.

[48] 沈和江，高海生，李志勇. 研学旅行：本质属性、构成要素与效果考评 [J]. 旅游学刊，2020，35（9）：10-11.

[49] 孙九霞. "游育"：研学旅游新论 [J]. 旅游学刊，2022，37（11）：5-7.

[50] 孙琨，唐承财，侯兵. 国家公园显性价值及其公众响应分析——以钱江源国家公园为例 [J]. 干旱区资源与环境，2021，35（08）：175-183.

[51] 孙雨涵，陈仕涛，刘雨桐，等. 基于项目式学习模式的研学融合研究 [J]. 中学地理教学参考，2023（19）：73-76.

[52] 王国聘. 生态文明教育内涵与路径的新探索 [J]. 环境教育，2024（6）：24-25.

[53] 王红，桑琳洁，张萌. 研学旅行导师专业化发展机制：来自美国微认证的启示 [J]. 全球教育展望，2021，50（4）：106-118.

[54] 王可可. 国家公园自然教育设计研究 [D]. 广州：广州大学，2019.

[55] 王朋. 基于"四层一体"理论的乡土地理研学旅行设计——以安康市石泉老街为例 [J]. 地理教学，2024（5）：61-64，60.

[56] 王琦，丁宏伟. 博物教育的建设性蕴涵——论新教育范式的演进逻辑 [J]. 自然辩证法研究，2023，39（2）：125-131.

[57] 王睿. 新时代中国环境教育实践研究 [D]. 兰州：兰州大学，2023.

[58] 王旭. 自然教育在中国的发展现状与实践案例 [C] //成都市陶行知研究会. 第二届行知生涯教育论坛论文集. 北京树行途生态教育科技有限公司，2020：7.

[59] 王艳. 儿童自然体验教育的内涵及其实施 [J]. 学前教育研究，2024（3）：91-94.

[60] 王紫晔，石玲. 关于国内自然教育研究述评——基于 Bibexcel 计量软件的统计分析 [J]. 林业经济，2020，12：83-92.

[61] 蔚东英. 国家公园管理体制的国别比较研究：以美国、加拿大、德国、英国、新西兰、南非、法国、俄罗斯、韩国、日本 10 个国家为例 [J]. 南京林业大学学报（人文社会科学版），2017，17（3）：89-98.

[62] 乌恩，成甲. 中国自然公园环境解说与环境教育现状刍议 [J]. 中国园林，2011，27（2）：17-20.

[63] 吴恺. 卢梭自然教育思想的主要内容及当代启示 [J]. 东南大学学报（哲学社会科学版），2023，25（S2）：10-13.

[64] 肖甦. 苏霍姆林斯基教育智慧格言 [M]. 北京：人民教育出版社，2014.

[65] 闫淑君，曹辉. 城市公园的自然教育功能及其实现途径 [J]. 中国园林，2018，34（5）：48-51.

[66] 严觅知. 日本小学教育"自然体验活动"特点及对我国研学旅行活动的启示 [J]. 教学与管理，2024（3）：104-108.

[67] 约瑟夫·克奈尔. 与孩子共享自然 [M]. 郝冰，译. 北京：中国城市出版社，2013.

[68] 岳伟，杨雁茹. 把国家公园作为开展自然教育的天然宝库 [J]. 人民教育，2022（1）：42-44.

[69] 张晨宇，于文卿，刘唯贤. 生态文明教育融入高等教育的历史、现状与未来 [J]. 清华大学教育研究，2021，42（2）：59-68.

[70] 张佳，李东辉. 日本自然教育发展现状及对我国的启示 [J]. 文化创新比较研究，2019，3（30）：155-158.

[71] 张帅，程东亚. 研学旅行的特征、价值与教师角色定位 [J]. 教育理论与实践，2020，40（11）：3-6.

[72] 张西梅，丁海奎. 研学旅行：发展嬗变、价值意蕴及创新路径 [J]. 泰山学院学报，2024，46（1）：140-144.

[73] 张小澜. 浅析自然博物馆自然教育功能的认知与实践发展 [J]. 中国博物馆，2021（4）：63-66.

[74] 张秀丽，黄文华，何晨，等. 在自然中体验成长——八达岭自然教育实践 [M]. 北京：中国林业出版社，2018.

[75] 张亚萍，何青. 居民自治下的社区花园建设实践：以清塘万里小区环境改造项目为例 [J]. 智库时代，2019（4）：212-213.

[76] 张语克，张琼悦，张跃，等. 自然保护地环境解说资源研究：以九寨沟芦苇海解说步道为例 [J]. 生物多样性，2022，30（2）：73-90.

[77] 赵文栋，陈亚鼙，王俊辉. "四层一体"在地理研学资源开发中的运用——以哈尼梯田地理研学资源开发为例 [J]. 地理教学，2020（2）：43-45，55.

[78] 中川宏治. 青年海外協力隊による環境教育活動のあり方に関する一考察 [J]. Japanese Journal of Environmental Education，2015，24（3）：60-73.

[79] 中共中央办公厅，国务院办公厅. 关于建立以国家公园为主体的自然保护地体系的指导意见 [EB/OL]. [2019-06-26]. http：//www. gov. cn/zhengce/2019-06/26/content_5403497. htm.

[80] 中华人民共和国国家旅游局. LB/T054-2016. 研学旅行服务规范 [S]. 北京：中国标准出版社，2017.

[81] 中央教育審議会. 今後の青少年の体験活動の推進について（答申）（中教審第160号）[EB/OL]. （2013-01-21）[2023-01-15]. https：//www. mext. go. jp/b_menu/shingi/chukyo/chukyo0/toushin/1330230. htm.

[82] 周晨，黄逸涵，周湛曦. 基于自然教育的社区花园营造——以湖南农业大学"娃娃农园"

为例 [J]. 中国园林, 2019, 35 (12): 12-16.

[83] Bratman N G , Daily C G , Levy J B , et al. The benefits of nature experience: Improved affect and cognition [J]. Landscape and Urban Planning, 2015, 138, 41-50.

[84] Bratman G. N., Anderson C. B., Berman M. G., et al. Nature and mental health: An ecosystem-service perspective [J]. Science Advances, 2019, 5 (7), 0903.

[85] Lewis R. H. Environmental education and research in Yellowstone National Park [J]. Museum International, 1973, 25 (12): 85-88.

[86] Louv R. Last Child in the Woods: Saving Our Children from Nature——Deficit Disorder [M]. Chapel Hill, N C: Algonquin Books, 2005.

[87] LouvR. Last Child in the Woods: Saving Our Children from Nature——Deficit Disorder [M]. New York: Workman Publishing, 2008.

[88] Ryan M., Jordan K. A review on the manufacturing of an ational icon: institution sand incentive sin the management of Yellow stone National Park [J]. International Journal of Geoheritage and Parks, 2020, 8 (2): 87-95.

[89] Russ A, Krasny M E. 城市环境教育概论 [M]. 王西敏, 邱文晖, 译. 北京: 高等教育出版社, 2022.

[90] Willem O, Jacqueline F., Lorenz Fähse, et al. Vegetation and disturbance history of the Bavarian Forest National Park, Germany [J]. Vegetation History and Archaeobotany, 2020, 29 (2): 277-295.